De onderwijsfamilie

JEROEN
DIJSSELBLOEM

DE
ONDERWIJS-
FAMILIE

2021 Prometheus Amsterdam

Omslagontwerp Studio Monty
Foto omslag Josha Dijsselbloem
Lithografie afbeeldingen BFC, Bert van der Horst, Amersfoort
Zetwerk Elgraphic
www.uitgeverijprometheus.nl
ISBN 978 90 446 4897 3

INHOUD

DE DERDE GENERATIE

DE VIERDE GENERATIE

WOORD VOORAF

Dit boek draag ik op aan al die leraren die, stug doorbuffelend door de jaren heen, leerlingen verder hebben geholpen en soms op dat cruciale moment het goede zetje hebben gegeven. Voor mij waren dat er ten minste twee. Mijn peetoom François die mij jarenlang bijles gaf en er voor me was net toen het nodig was. Voor het schrijven van dit boek kon ik nog uitgebreid met hem praten maar het verschijnen ervan mocht hij helaas niet meer meemaken.

Jos van den Broek was de leraar die naast zijn schooltaken aan veel leerlingen, waaronder ik, zijn liefde voor theater, tekst en muziek overdroeg. Hij was de drijvende kracht achter veel culturele activiteiten op mijn middelbare school en droeg zo bij aan de mooiste schoolherinneringen.

Mijn dank gaat uit naar de medewerkers van de Studiezaal van het Erfgoedcentrum Nederlands Kloosterleven, die de geschiedenis van mijn ooms in Chili hielpen reconstrueren. En naar Gabriela Dijsselbloem die me persoonlijke documenten van haar vader liet gebruiken. Zonder het vertrouwen dat veel familieleden, nabij en ver, mij gaven door hun onderwijsverhalen te delen, had ik dit boek niet kunnen schrijven.

Mijn dank gaat vooral uit naar mijn geweldige moeder, die bij dit project van begin tot einde betrokken was. Zij was een drijvende kracht ('hoe gaat het met het boek?'), ze legde contacten en organiseerde veel van de gesprekken. Ze vulde tal van leemtes met haar onmetelijke geheugen en haalde de schrijffouten uit de teksten als ik ze even niet meer zag. Eens onderwijzeres, altijd onderwijzeres. Het zit in de familie...

STAMBOOM

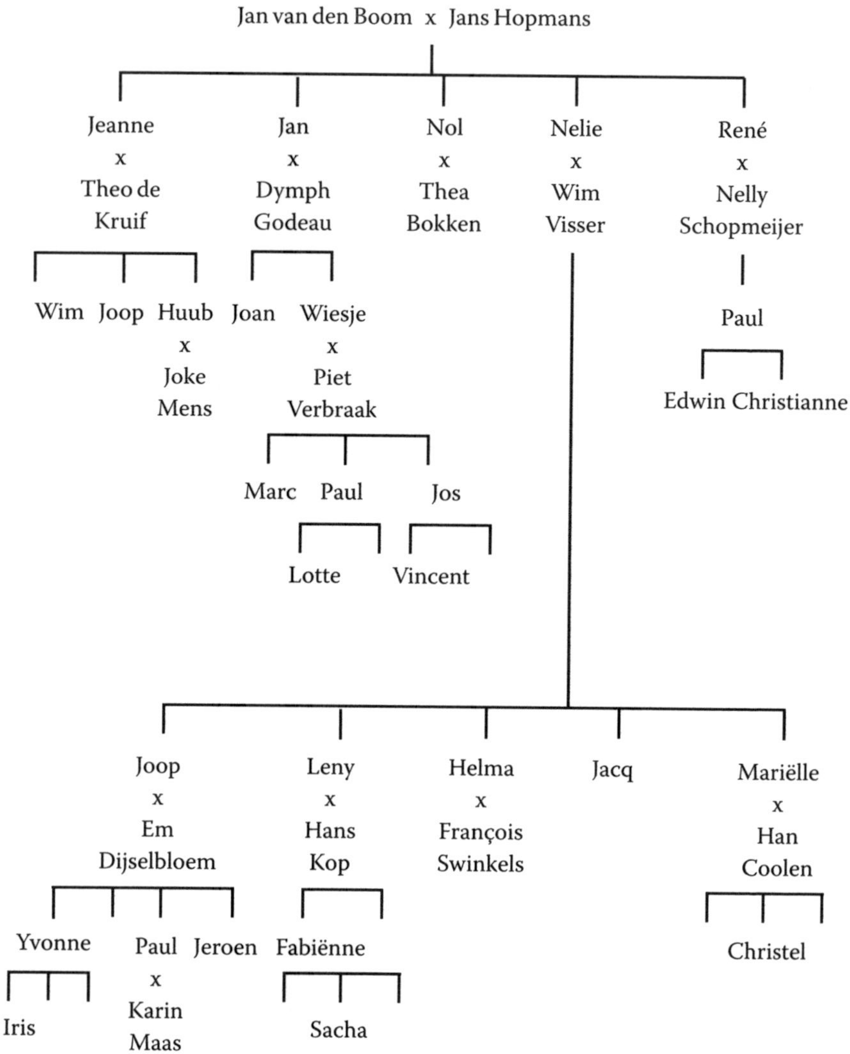

Jan van den Boom x Jans Hopmans
Jeanne x Theo de Kruif
Jan x Dymph Godeau
Nol x Thea Bokken
Nelie x Wim Visser
René x Nelly Schopmeijer
Wim
Joop
Huub x Joke Mens
Joan
Wiesje x Piet Verbraak
Paul
Edwin
Christianne
Marc
Paul
Jos
Lotte
Vincent
Joop x Em Dijselbloem
Leny x Hans Kop
Helma x François Swinkels
Jacq
Mariëlle x Han Coolen
Yvonne
Paul x Karin Maas
Jeroen
Fabiënne
Christel
Iris
Sacha

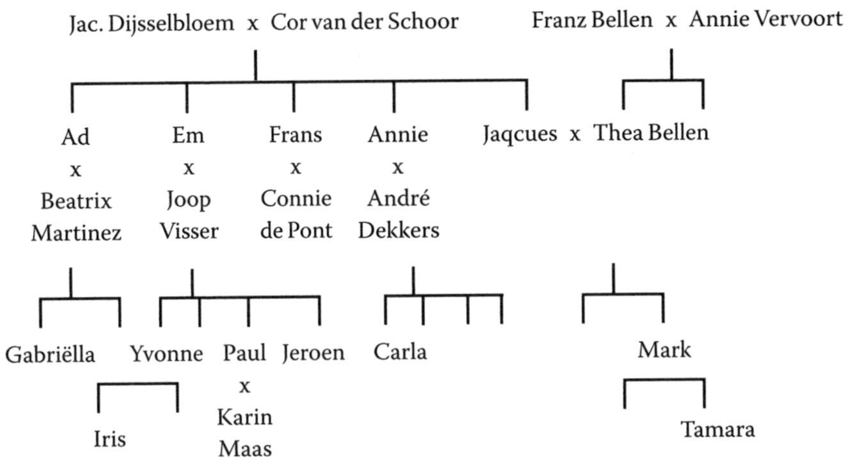

* Deze stamboom vermeldt alleen de familieleden die in dit onderwijsverhaal een rol spelen.

INLEIDING

Toen wij in februari 2008 het parlementair onderzoek naar onderwijsvernieuwingen afrondden, was mijn interesse voor het onderwijs en de enorme veranderingen die daarin plaatsvonden voor altijd gewekt. Als voorzitter van die Onderzoekscommissie had ik me een jaar lang, fulltime, met het team mogen vastbijten in de grote onderwijsvernieuwingen in het voortgezet onderwijs in de jaren negentig van de vorige eeuw. Onderwijsvernieuwingen die top-down over de scholen waren uitgerold. Vernieuwingen die, omdat ze omstreden waren, lang waren bediscussieerd in de wereld van beleid en politiek. En toen er eindelijk overeenstemming over was, in sneltreinvaart door het onderwijs moesten worden ingevoerd. Ingrepen waarbij de onderwijzers en leraren vooraf nauwelijks bij werden betrokken. In hun plaats de onderwijsbestuurders en hun organisaties des te meer. Stelselwijzigingen die door experts nodig werden gevonden omdat het onderwijs zo conservatief zou zijn.

Tijdens dat onderzoek zaten mijn opa, mijn ouders en al mijn ooms en tantes die in het onderwijs werkten steeds in mijn achterhoofd. Ik kom uit een onderwijsfamilie waarvan opeenvolgende generaties te maken hadden met die niet-aflatende stroom veranderingen die door het onderwijs spoelde, maar aan wie zelden iets was gevraagd. Tijdens die onderzoeksperiode heb ik mijn familieleden ook niet gevraagd naar hun onderwijservaring. Bewust niet. Immers, wij spraken in het kader van dat onderzoek al zo veel onderwijzers en leraren en de familieleden van de voorzitter kwam geen bijzondere aandacht toe. Maar de vraag wat hun ervaringen in het onderwijs waren, bleef terugkomen. Wat kregen zij eigenlijk mee van de Mammoetwet, de basisschool, de basisvorming, de fusies tot grote scholengemeenschappen, de invoering van het vmbo, van het Passend onderwijs, het studiehuis, het ontstaan van de roc's en ga zo maar door. Hoe hebben zij de aanhoudende golf aan 'beleid' ervaren? De veranderde positie van de leraar? En de grote maatschappelijke veranderingen die vaak in het onderwijs als eerste merkbaar waren?

Een paar jaar na mijn ministerschap sprak ik met mijn moeder, zelf gepensioneerd onderwijzeres, over de vele onderwijzers en leraren in onze familie. Het idee ontstond om, voor zover zij er nog zijn en mee willen werken, hen samen te bezoeken. Mijn moeder legde de contacten en maakte de afspraken en ik zou hen interviewen. Iedereen die wij benaderden, werkte mee. Het levert alles bij elkaar een prachtig beeld op van een voortdurend veranderend Nederlands onderwijs. Ook de onderwijsverhalen van de eerste generatie onderwijzers, al enige tijd overleden, kwamen voorbij. Dankzij goede onderwijsgeheugens en archieven, hebben we de grondleggers van deze onderwijsfamilie in dit boek de waardering kunnen geven die hun toekomt. Zij maakten grote sprongen in hun sociale positie, in hun ontwikkeling, in de snel veranderende Nederlandse samenleving rond de Tweede Wereldoorlog. En zij gaven aan hun kinderen en kleinkinderen door hoe mooi en waardevol het vak van leraar is.

Van het onderwijs wordt wel gezegd dat het resistent is voor modernisering en verandering. Dat de leraar zo conservatief is en het liefst met rust wil worden gelaten in zijn klaslokaal. Maar de verhalen in dit boek laten een heel ander beeld zien. Een beeld van immense veranderingen in een relatief korte periode. Veranderingen waarin leraren soms zelf het voortouw namen, opgelegde veranderingen die soms gewoon werden ingepast in de dagelijkse routine, maar ook veranderingen die onverteerbaar waren en leidden tot het vroegtijdige einde van onderwijscarrières. Alle verhalen bij elkaar laat zien hoe het onderwijs zich steeds weer aanpast, van een sterk verzuild onderwijs dat letterlijk opnieuw werd opgebouwd na de oorlog tot het online-improvisatietalent van leraren in de huidige coronacrisis. Het blijft pionieren.

Lang niet alle veranderingen kwamen uit Den Haag. De meeste veranderingen waren breed maatschappelijk zoals het sterk toegenomen gemiddelde opleidingsniveau, de assertiviteit en mondigheid van burgers, de emancipatie van meisjes en vrouwen, het verval van automatisch respect voor gezagsdragers, en de digitale revolutie van kennis. Veel van deze veranderingen zijn mede het gevolg van goed onderwijs.

Mijn familiegeschiedenis laat ook een geweldige emancipatie zien dankzij het onderwijs. Mochten vroeger meisjes niet verder studeren, tegenwoordig doen zij het op veel fronten beter dan jongens. In hetzelfde tempo heeft zich een feminisering van het onderwijs zelf voorgedaan. Maar ook een emancipatie van kinderen die van huis uit niet de kans, de stimulans en de bagage meekregen om het ver te brengen. Met het optrekken van de leerplichtige leeftijd, de mogelijkheden van doorstromen en stapelen, de introductie van een objectief schooladvies, en vele andere veranderingen klein en groot, nam de kansengelijkheid toe. Op dit moment staat ze op veel fronten weer onder druk.

In een periode van honderd jaar, die in dit boek aan bod komt, is het aanzien van de leraar enorm veranderd. Dat maakt dat de motivatie van onze huidige leraren een heel andere is dan die van 75 jaar geleden. In de naoorlogse periode was leraar worden een gerespecteerde keuze en voor velen een mogelijkheid om het sociaal aanzien en economisch perspectief te verbeteren. Doordat tegenwoordige generaties veel beter opgeleid zijn en we onze leraren relatief minder goed betalen, is aanzien of salaris nu zelden meer het argument om het onderwijs in te gaan. Het werken met kinderen en hen verder helpen des te meer.

Sommige veranderingen zijn eerst aangejaagd door beleidsmakers en daarna weer afgeremd. Stapelen was de uitgelezen mogelijkheid voor kinderen die met weinig bagage begonnen aan het onderwijs om toch met zo veel mogelijk bagage te vertrekken. Toen in de jaren tachtig het aantal scholieren en studenten sterk was gestegen, werd het beleid weer omgegooid om zo de gemiddelde studieduur te bekorten en de kostenontwikkeling te beheersen. Eenzelfde wispelturigheid zien we in het beleid om studenten aan te moedigen en dan weer te ontmoedigen om leraar te worden, al naar gelang het lerarentekort. Een andere pendule die heen en weer blijft gaan, zijn de initiatieven om het schoolcurriculum te verbreden, om kort daarna weer te roepen om meer verdieping. Of om de scholen meer vrijheid te geven in hun bekostiging en er direct achterna weer nieuwe verantwoordingseisen te stellen. Van al te veel consistentie kunnen ze in het onderwijs helaas niet uitgaan.

Maar er zijn ook langere vernieuwingsgolven zichtbaar. Een lange trend die zichtbaar is in 'onderwijsvernieuwing' is de verschuiving van kennisoverdracht geordend in strak afgebakende vakken, naar de ontwikkeling van vaardigheden en bredere thema's. Het 'nieuwe leren' was decennialang de gezamenlijke noemer van een reeks onderwijsvernieuwingen. Daaraan gekoppeld is er een continue beweging zichtbaar van klassikaal en 'frontaal' onderwijs naar meer eigen verantwoordelijkheid, zelfstudie, individuele ontwikkeling. Voor sommige onderdelen van het curriculum werkt het beter dan voor andere, voor weer andere vakken helemaal niet. Voor sommige leerlingen pakt het ook anders uit dan voor andere. Daarmee rekening houden vergt ruimte die veelal niet werd geboden. De motivatie en voorbereiding van leraren voor bepaalde vernieuwingen blijft een belangrijke factor in de succeskans. Een factor die veel te weinig tijd en aandacht kreeg.

En terwijl het onderwijs zich blijft ontwikkelen, treden er ook weer nieuwe familieleden aan wier onderwijsbloed kruipt waar het niet gaan kan. En zo werd onze reeks familiebezoeken om te praten over het onderwijs steeds langer. Mijn moeder heeft een fenomenaal geheugen. Ze schreef al eens een boekje over de school van mijn opa, de ambachtsschool. Als tijdens de interviews de familieleden het niet meer precies wisten, kon mijn moeder de leemtes in het geheugen nogal eens aanvullen. In de circa twintig interviews kwamen ook de eerdere generaties aan bod. Mijn opa natuurlijk, zijn drie zwagers Van den Boom en drie neven De Kruif. Mijn moeder, haar dochter en schoondochter. Haar generatiegenoot nicht Wiesje en haar zonen en kleinkinderen. Mijn vader en zijn drie broers, schoonzussen en schoonbroer. Allemaal onderwijzers of leraren. In mijn jeugd ging geen dag voorbij of iemand vroeg 'hoe gaat het op school?' Ook dat is bagage die je meekrijgt en die uiteindelijk zijn effect heeft gekregen.

Samen met mijn moeder ben ik ook archieven in gedoken waar we soms onthullende ontdekkingen deden over de persoonlijke motivatie en drijfveren van familieleden in het onderwijs. Onze familie komt uit Brabant. Die van mijn moeder oorspronkelijk uit West-Brabant, die van mijn vader uit Oost-Brabant. Het verhaal van de oudere generaties laat zich ook lezen als een geschiedenis van de emancipatie van de katholieken in Zuid-Nederland, mede dankzij de katholieke onderwijszuil. Gaandeweg verdwijnt de invloed van geestelijken in het familieverhaal en wordt de keuzevrijheid van opeenvolgende generaties gelukkig steeds groter.

In dit verhaal komen we op allerlei plekken en op allerlei typen scholen. Familieleden gaven en geven les aan kleuters tot studenten. Van Maastricht tot Amsterdam. We maken zelfs een uitstapje naar Zuid-Amerika. En natuurlijk komen alle typen scholen voorbij, van openbaar tot privaat en van bijzonder tot speciaal. Aan diversiteit heeft het dankzij de Nederlandse onderwijsvrijheid nooit ontbroken.

In deze kleine familiegeschiedenis komt de geschiedenis van het Nederlandse onderwijs in vrijwel al haar facetten terug. Er zijn scholen en schooltypen gekomen en weer verdwenen. Zo was de ambachtsschool zowel een kans voor kansarme jongens om vakman te worden en aan armoede te ontsnappen als een eindstation voor veel jongens die verder hadden kunnen leren.

Een opvallende constante in het verhaal is het debat over de noodzakelijk geachte onderwijsvernieuwing. Van alle tijden is de roep dat alles anders moet. Als mijn gesprekken voor dit boek me één ding duidelijk hebben gemaakt, dan is het dat er heel veel is veranderd en heel veel ten goede. Soms dankzij beleid en soms ondanks het beleid.

Aan het slot van het boek probeer ik verder te kijken. Kunnen we tevreden zijn over het Nederlandse onderwijs? Als kind van onderwijzers heb ik geleerd dat je niet te snel tevreden moet zijn. Dan laat je kansen liggen en dreig je achteruit te kachelen. Maar om de juiste keuzes voor de toekomst te maken, is kennis van het verleden een goede basis. Hopelijk draagt dit boek daaraan bij.

DE
EERSTE
GENERATIE

Opa Visser
Een leven met de ambachtsschool, tot de Mammoetwet

Het onderwijsverhaal van mijn familie begon ruim honderd jaar geleden wanneer mijn opa Visser, de vader van mijn moeder, begint aan zijn leven in het onderwijs. En een leven voor het onderwijs. Zijn verhaal is ook het verhaal van de ontwikkeling van het beroepsonderwijs in Nederland.

Hij begon er als leerling in 1916 en verliet het beroepsonderwijs pas in 1969, toen hij met pensioen ging.

Wim Visser werd geboren in augustus 1904, als zoon van Jacobus Visser en Helena Withagen en broertje van twee zussen. Zijn enige broertje overleed op vijfjarige leeftijd in 1907. Zijn vader was kleermaker, zijn moeder had een winkel aan huis in de Koepeldwarsstraat in Bergen op Zoom. In 1922 verhuisde het gezin naar de Lievevrouwestraat 42, een zestiende-eeuws pand, woonhuis met winkel. Mijn overgrootmoeder verkocht daar textiel en manufacturen.

Wim ging in 1910 voor het eerst naar school. School was nog een breed begrip in die tijd. Er was een grote variatie in aard en kwaliteit van de scholen. Sinds de zestiende eeuw was er enige structurering in hoog en laag onderwijs in ons land, wat overigens niets te maken had met de leeftijd of het objectieve niveau van de leerlingen. Het hoge onderwijs werd in de steden gegeven door Latijnse scholen die toegang gaven, althans voor de bevoorrechte jongens, tot een vervolgopleiding. Zogenaamde Nederduitse scholen verzorgden het lage onderwijs, veelal bedoeld als eindonderwijs. Men kon aanvulling krijgen op een 'Franse' school die, naarmate Latijn minder belangrijk werd, in de achttiende eeuw geleidelijk in belang toenam. 'De Franse scholen waren nuttig, de Latijnse scholen boden status,' zoals Piet de Rooy het omschreef in zijn *Een geschiedenis van het onderwijs in Nederland.* De oprichting van de Maatschappij tot Nut van 't Algemeen in 1784 gaf een impuls aan de discussie over onderwijsverbetering. Kort na de komst van de revolutionaire Fransen in 1795 werd er in de Bataafse republiek een commissie ingesteld om een Plan voor Nationaal Onderwijs te ontwerpen. Het lage onderwijs werd lager onderwijs. Onderwijs werd een taak van de nieuwe 'eenheidsstaat'. Daartoe werd in 1800 al een onderwijsinspectie opgericht. Onderwijs en opvoeding waren beide van groot belang, het ging om vorming van de complete persoonlijkheid, oftewel 'Bildung', zoals Humboldt het in zijn plan voor het Duitse onderwijs in 1810 noemde. Veel van die idealen, de gedroomde onderwijsvernieuwingen van die tijd, stuitten op de werkelijkheid van tradities en de grote variatie aan scholen, veelal particulier, die mochten blijven bestaan. Het was vrij eenvoudig de schoolwet van 1806 te omzeilen. Het aantal scholen nam wel snel toe, van circa drieduizend rond 1800 naar 4600 aan het einde van de eeuw. En de klassen werden veel voller, waardoor klassikaal onderwijs noodzakelijk werd. Ten tijde van de invoering van de leerplicht volgde circa 90 procent van de kinderen een vorm van lager onderwijs. De wettelijke leerplicht in 1900 zorgde dat de overigen ook naar school gingen en maakte het mogelijk het grote schoolverzuim aan te pakken.

Mijn opa begon in 1910 op de 'School van Brogtrop', zo genoemd naar het schoolhoofd Jan Brogtrop (junior), in de Engelsestraat in Bergen op Zoom. Het pand waar de school in was gevestigd heet De Groote Toelast. Brogtrop woonde zelf naast de school en had ook leerlingen op internaat die hij opleidde voor de handel. Deze school was voortgekomen uit de armenschool van de katholieke Vincentiusvereniging, opgericht in 1850. Het gemeentebestuur gaf toen toestemming tot de stichting van een armenschool vanwege 'het belang om een groot getal jongens door gepast onderwijs tot zedelijkheid en godsdienst op te leiden'. Een aantal onvermogende kinderen konden daar kosteloos onderwijs krijgen via de gemeente. In 1861 nam Jan Brogtrop (senior) de school over, sloot de armenschool en ging schoolgeld vragen. Vooruitlopend op de onderwijswet van Thorbecke werden in die tijd nieuwe openbare scholen opgericht waar voortaan ook de 'min- of onvermogende' kinderen terechtkonden. Ondanks het mandement van de bisschoppen van 1868 waarin zij de katholieken opdroegen te ijveren voor bijzondere scholen, was in 1900 het openbaar onderwijs in leerlingenaantallen tweemaal zo groot als het katholieke onderwijs van Bergen op Zoom. Het katholieke schooltje van Brogtrop was klein gebleven; in 1896 telde het circa zeventien interne en zestien externe leerlingen.

Ook Willem Asselbergs, bekend geworden als schrijver Anton van Duinkerken, ging hier vanaf 1909 naar school, een jaar voor mijn opa. Van Duinkerken beschrijft in zijn

Brabantse herinneringen hoe zij de eerste schooldag in een rij van school naar de kerk op de Markt gingen om het schooljaar te beginnen met een mis voor de Heilige Geest. 'Wij als kleintjes achteraan onder geleide van mijnheer Rampart.' Zijn herinneringen gaan terug naar verassend creatieve didactische methodes. 'Weet ik weinig meer over het lezen en schrijven op school, niets over het rekenen, des te beter heb ik de lessen in aardrijkskunde en geschiedenis onthouden. Op het bord stond de plattegrond van onze klas. Hier zijn we mee begonnen: de deur, de vensters, de kachel, de pupiter (lessenaar, JD), de banken met onze plaatsen en de lijnen van de wandeling, die onze meester maakte om van zijn plaats op de pupiter bij de bank van Frie Jordans achter in de klas te komen. Bij een volgende les stond de plattegrond van de school op het bord, toen die van de Engelsestraat en omgeving, daarna de plattegrond van de stad. Wij hebben op die manier kaart leren lezen.'*

Mijn opa Wim startte een jaar later bij Brogtrop. Het schoolgeld dat betaald moest worden, vroeg veel van zijn ouders maar hij was na het overlijden van zijn broer nog de enige zoon in huis. Hij was, aldus zijn moeder, nog maar een teer ventje. Hij was duidelijk een serieuze leerling en volgens zijn oudste zus 'een heel rustige jongen die na zijn werk en eten meteen naar boven ging om te studeren.' Op zijn eerste rapport van de lagere school stond een 10 voor lezen en een 9 voor rekenen. Op de negen rapporten die bewaard zijn gebleven stond, op één 8 na, steeds een 9 of 10 voor vlijt. Zijn slechtste vak was opvallend genoeg tekenen, waarvoor hij

* Van Duinkerken ontving in 1960 de Constantijn Huygensprijs en zes jaar later de P.C. Hooft-prijs.

zessen en zevens haalde. Juist dat zou later zijn talent blijken.

Vanaf de vierde klas kregen de kinderen ook Franse les, waarvoor mijn opa rapportcijfers 8 en 9 haalde. De school deelde prijzen uit, iets waar latere pedagogische visies zich tegen keerden. Opa kreeg in zijn zesde leerjaar de eerste prijs voor catechismus. De prijs was *Een beknopt overzicht van de Bijbelsche geschiedenis*; voor de zekerheid.

Aan het einde van de lagere school raadde het schoolhoofd opa's vader aan om zijn zoon te laten doorleren, liefst naar de hbs, omdat hij zo'n goede leerling was. Maar daar kwam niks van in. Nee, 'da's allemaal niks; hij moet een vak leren', aldus zijn vader. En dus werd het de ambachtsschool.

Waar tegenwoordig ouders op het vinkentouw zitten om hun kinderen met een zo hoog mogelijk schooladvies de basisschool te laten verlaten, was dat in mijn opa's tijd wel anders. 'Een vak leren' was voor veel ouders al een hele ambitie en bood uitzicht op het zelfstandig je brood kunnen verdienen.

Rangen en standen speelden hier ook zeker een rol. Doorleren was in de generatie vóór mijn opa nauwelijks aan de orde, dat was voor de kinderen van de hoge heren. Later zou mijn opa zijn kleinkinderen allemaal enorm stimuleren om hun best te doen op school, zodat ze konden doorleren.

Overigens heeft mijn opa in zijn verdere leven ook steeds doorgeleerd. In de avonduren diploma's bijhalen was in mijn familie doodgewoon. Maar eerst zou Wim Visser naar de ambachtsschool gaan. Er waren drie keuzes: timmeren, smeden-bankwerk en elektrotechniek. Elektrotechniek was toen een nieuw vak; de NV Philips was pas kort daarvoor opgericht. Maar het werd timmeren. Van de 33 jongens die in

1916 met mijn opa aan de ambachtsschool begonnen, kozen er slechts vijf voor timmeren, van wie er drie met een diploma de eindstreep haalden.

Het was in die tijd helemaal niet ongebruikelijk om ouders aan te spreken op de verplichtingen die zij aangingen, wanneer zoonlief de ambachtsschool betrad. In het reglement van veertien artikelen stond vetgedrukt: 'De ouders of verzorgers verbinden zich hunne zonen of pupillen den geheele driejarige cursus te laten volgen.' Graag met handtekening van vader inleveren. De kinderen moesten 'behoorlijk gekleed en rein ter school komen en in de lokalen steeds van een werkkiel zijn voorzien. Zij ontvangen bij het ter school komen een werkkiel, naar dat model moet steeds een tweede kiel worden gemaakt. Zij krijgen alle leermiddelen en gereedschappen van de school kosteloos ten gebruike. Zij zijn verplicht zichzelf aan te schaffen de noodige kleine tekengereedschappen, passerdoos volgens opgegeven model, potlood, punaises, gomelastiek, schoolschriften en een zakmes.' Dat laatste, het dragen van een mes, zou nu aanleiding zijn voor een langdurige schorsing van school.

Voor mijn opa was de start van de ambachtsschool niet makkelijk. Zijn cijfers vielen in het begin erg tegen, vergeleken met de hoge scores die hij op de lagere school had gehaald. Misschien was de weigering van zijn vader om hem naar de hbs te laten gaan een grote teleurstelling geweest. Hij is in die eerste periode ook veel ziek. Het rapport van oktober 1916 vermeldt: 'Moet zich geducht inspannen.' Mijn overgrootvader tekende het rapport consciëntieus elk kwartaal. In maart 1919 haalde hij zijn diploma met keurige cijfers, vastgelegd in de 'Staat van Vordering, IJver, Gedrag en Schoolverzuim.' In het laatste jaar ging het nog maar om vijf vakken. Meetkunde, materialenkennis, elementair lijn- en vaktekenen, elementair vormtekenen, en praktijk. Het diploma vermeldt verder onder andere: 'Vaktekenen: zeer goed.'

Wat opvallend is, is dat mijn opa tegelijkertijd nóg een school deed. Hij volgde de burgeravondschool, een driejarige cursus met voornamelijk technische vakken maar ook boekhouden. Hij haalde er goede cijfers en na drie jaar, ook in 1919, zijn diploma. Hiermee werd opa toegelaten tot de vierde klas van de Gemeentelijke Tekenschool, oftewel de Gemeentelijke Nijverheidsavondschool. Het getuigschrift dat hij aan deze school het onderwijs in Bouwkunde met 'goeden uitslag' had gevolgd, kreeg hij op 3 april 1922 uitgereikt.

De school was zes dagen in de week, acht lesuren per dag. Vijf dagen na het verlaten van school, op veertienjarige leeftijd, ging hij aan het werk. Eerst als timmerman in dienst van aannemer André van Loon en bij de firma De Vos. Later als bouwkundig tekenaar en opzichter voor architect Quirinus Horsten en architect Frans Rampart. Zo tekende hij aan de nieuwe ijzergieterij van Asselbergs aan de Parallelweg maar ook de slagerij-winkel-bovenwoning aan de Noordsingel 31 voor de familie Van den Boom was van zijn hand. Zo ontmoette hij mijn oma, Nelie van den Boom.

In die tijd volgde hij schriftelijke cursussen van het Polytechnisch Bureau te Arnhem. Onder andere Bouwkundig tekenaar en Bouwkundig opzichter. Hij studeerde voor architect, tot het examen daarvoor flink verzwaard werd met veel meer wiskunde. Ondanks de bijlessen van zijn toekomstige zwager Nol van den Boom, vond hij voor zichzelf dit niveau te hoog gegrepen.

Vanaf eind 1928 gaf hij, naast zijn werk, les aan de Gemeentelijke Nijverheidsavondschool en drie jaar later stapte hij definitief over naar het onderwijs en werd leraar aan de ambachtsschool. Rampart zag hem met lede ogen vertrekken: 'Hij heeft zich gedurende die tijd doen kennen, als een zeer plichtsgetrouw en bekwaam opzichter-teekenaar.' Voordat hij de overstap maakte, haalde hij in 1928 'de akte van bekwaamheid tot het geven van onderwijs in het timmeren aan scholen voor lager en die voor middelbaar nijverheidsonderwijs.' In 1930 volgde de akte voor 'Bouwkunde, Bouwkundig teekenen en Materialenkennis voor de Bouwkunde.' In 1932 kreeg hij zijn eerste vaste aanstelling als leraar timmeren, tekenen en bouwstoffen.

In 1937 werd de Nijverheidsavondschool samengevoegd met de ambachtsschool. Voor opa had het geen gevolgen, hij had en hield een vaste aanstelling. In 1939 wilde hij aan huis les gaan geven, maar daarvoor moest je in die tijd nog in Den Haag toestemming vragen. Deze werd hem verleend door de onderwijsinspecteur namens minister Schrieke 'mits zijn werk in geen enkel opzicht werd geschaad.' Hij leidde thuis onder meer op voor bouwkundig opzichter.

Over de periode 1940-1946 bevindt zich helaas niets in mijn opa's archief. Vlak bij de school van opa, waar de weg de beek De Zoom kruiste, is hevig gevochten. De Zoom vormde een natuurlijke barrière en de school lag direct in de vuurlinie. Uit het dagboek van Jo Huijsmans, de oudste dochter van de directeur van de ambachtsschool en zelf onderwijzeres, kennen we fragmenten van het verhaal. Uit haar notities van 4 september 1944, een dag voor Dolle Dinsdag: 'De hbs, lagere scholen en onze Nijverheidsschool staken voor onbepaalde tijd. Pa staat in beraad maar een beslissing wordt tegen halftwee geforceerd: twee geweldige explosies – veel gerinkel van glas. De kruitmagazijnen van de Wilhelminakazerne zijn de lucht in gegaan. De voorgevel van onze school heeft 27 ruiten als slachtoffer te betreuren.'

Na de oorlog zou alles snel veranderen. Voor de nieuw op te richten ambachtsschool van Gemert werd een directeur gezocht. Gemert, gelegen aan de rand van de Peel, had voor de oorlog geen voortgezet onderwijs. In 1939 beloofde de NCB, de Brabantse boerenorganisatie, aan Gemert een landbouwschool, maar de oorlog gooide roet in het eten. Pas in 1946 zou die school er komen. Zowel de ambachtsschool als de landbouwschool waren voor jongens bedoeld. Voor meisjes was er sinds 1920 al een R.K. Volkskook- en Huishoudschool waar ze werden voorbereid op huishoudelijk werk. In 1935 volgde de Landbouwhuishoudschool, behalve voor boerenmeisjes ook voor arbeidersmeisjes, maar de laatste kwamen niet omdat ze overdag moesten werken en de kosten te hoog waren.

In 1938 was er sprake van het opzetten van een ulo, uitgebreid lager onderwijs. Het duurde tot direct na de bevrijding van Zuid-Nederland in 1944 dat de ulo van start ging. Zonder materialen, boeken, banken of borden ging de school open. In januari 1947 opent ook de Gemeentelijke Lagere Landbouwschool zijn deuren. In september van dat jaar volgt ten slotte de Gemeentelijke Ambachtsschool onder leiding van de nieuwe directeur, Wim Visser, mijn opa.

Bij koninklijk besluit van 12 mei 1947 had minister van Onderwijs Jos Gielen toestemming verleend voor het oprichten van een ambachtsschool onder de Nijverheidsonderwijswet met een tweejarige cursus in drie afdelingen, houtbewerking, smeden-bankwerken en textielonderwijs.

Mijn opa nam zelf houtbewerking voor zijn rekening. Voor het textielonderwijs werd de heer Schepers aangetrokken. Geboren in Oldenzaal en opgeleid aan de textielschool in Enschede, was deze in de oorlog verhuisd naar Zeeuws-Vlaanderen om daar les te gaan geven. In 1947 solliciteerde hij in Gemert. De advertentie vermeldde 'woning beschikbaar'. Dat duurde uiteindelijk nog wel tot 1949 toen de huizen aan de Jezuïetenlaan, waar de familie Schepers jarenlang naast mijn opa en oma zouden wonen, klaar waren. De beschikbaarheid van een betaalbare woning is nog steeds vaak doorslaggevend voor de keuzes van jonge leraren.

Textielfabriek Raymakers stelde aanvankelijk kosteloos ruimte, machines en materialen ter beschikking. Ook later kon de school de afgedankte machines van Raymakers krijgen, die dan door de docenten zelf weer aan de praat werden gebracht. Raymakers zou de werkgever worden van menig oud-leerling.

Een tijdelijk gebouw dat aan de Schoolstraat was neergezet voor de eerste naoorlogse Middenstandstentoonstelling, werd na afloop van de expositieweek overgedragen aan de ambachtsschool. Er was verder nog niks, geen werkbanken, geen gereedschap, geen schoolbanken. Mijn opa heeft samen met meneer Swinkels, chef van de afdeling onderwijs van de gemeente, stad en land afgesjouwd op zoek naar inventaris en gereedschappen. Hoewel nog verre van compleet, ging men met 74 leerlingen in september 1947 van start. De timmerlui-in-opleiding moesten zelf hun werkbanken en gereedschap gaan maken.

Hoewel een gemeentelijke school, liet burgemeester De Bekker, die de drijvende kracht achter de totstandkoming van deze nieuwe school was geweest, er bij de opening geen twijfel over bestaan dat het een school op katholieke grondslag was. Hij sprak de nieuwe leraren toe: 'In U zij gevaren [...] het vaderschap van hem, die de liefde van God zelf in pacht heeft en die luisteren kan naar de noden en klachten van het zo gevoelige en ontvankelijke kinderhart, daardoor een effectieve bijdrage leverend aan een Christendom dat de mensheid redt van materialisme en pessimisme, van dorheid en karakterloosheid.'

Ook mijn opa hield een toespraak, maar deze was een stuk praktischer. Hij richtte zich nadrukkelijk tot de ouders: 'Laat ze steeds op tijd aanwezig zijn, controleer of ze hun huiswerk maken, spoor ze aan hun uiterste best te doen en in alles hun leraren te gehoorzamen, een correcte houding aan te nemen en steeds beleefd te zijn.' Voor mijn opa was de ambachtsschool niet alleen een opleiding tot vakman maar ook een belangrijke speler in de opvoeding van de jongens. Hij deed bij herhaling een beroep op de ouders om de school hierin te steunen.

Er werd tegelijkertijd een avondambachtsschool opgericht die meteen negentig leerlingen trok. Als je twee jaar op de dagschool had gezeten kon je daarna nog twee jaar verdergaan op de avondopleiding. Zonder die vooropleiding duurde de avondschool zes jaar.

Orde en discipline was wel een zorgpunt in Gemert. Op tijd komen was, vooral bij de leerlingen van de avondschool, een geweldig probleem. Opa probeerde er met de collegaeleraren 'paal en perk aan te stellen.' Maar veel van de avondschoolleerlingen werken overdag en moeten van ver naar Gemert reizen. Sommigen brengen een briefje van hun werkgever mee. Ook roken was een groot probleem. De toiletten werden intensief gebruikt voor het op peil brengen van het nicotinegehalte.

Bij de uitreiking van eerste getuigschriften in 1949 geeft directeur Visser de leerlingen er flink van langs: 'Sommige leerlingen tonen zich in het naar school gaan ontzettend lui en traag en enkelen zelfs ook in de les [...]. Liever een school van 80 bruikbare leerlingen dan een school van 120 leerlingen met 40 slappelingen.' In het jaar daarna deelde de directeur mee dat het schoolverzuim 'sterk is verminderd, waaruit dus volgt dat de leiding in goede handen is en niet met zich laat spotten, terwijl het te laat komen ook bijna niet meer voorkomt.'

Later zou mijn opa ook de leraren moeten aanspreken: als de leerlingen op het allerlaatste moment binnenkomen krijgen ze een standje. Dan geeft het geen pas dat de leraren ook pas op het nippertje binnenvallen. Zo dringt hij er ook verschillende keren op aan in de lerarenvergadering dat de leraren niet roken in de klas. Dat lijkt weinig effect te hebben gehad. Leraar textiel, Gerard Schepers zegt daarover: 'Leraren hebben altijd gerookt in de klas. De directeur rookte zelf ook!' Mijn opa rookte inderdaad sigaren en pijp. Ik kan me de geur van de woonkamer van mijn grootouders, blauw van de rook, nog goed herinneren. Mijn opa spreekt ook de ouders aan op orde en netheid. 'Ouders, draag ook eens meer zorg dat uw jongens gewassen en gekamd zijn en behoorlijk gekleed de school bezoeken.'

'Selectie aan de poort' is er niet bij in de ambachtsschool. Volgens een van de leraren hoort een deel thuis op het buitengewoon lager onderwijs. Er wordt in de eerste plaats gelet op het verhogen van de leerlingenaantallen; rapportcijfers worden er niet opgevraagd.

Naast timmeren, las- en smeedwerk en textiel volgen de leerlingen ook algemeen vormende vakken. Deze werden op woensdagmiddag gegeven, door onderwijzers van de basisschool, die dan vrij waren. Verder werd het godsdienstonderwijs natuurlijk verzorgd door de pastoor of de kapelaan. De schooldagen duurden van 8.30 tot 17.00 uur 's middags, met anderhalf uur pauze om thuis te kunnen eten. Op zaterdagochtend kregen ze ook les van het hoofd van de Gemeentewerken en gemeentearchitect de heer Spildoorn. De schoolweek telde 44 lesuren.

De leerlingen zijn voor een groot deel boerenzonen uit de omgeving van Gemert. De boerenbedrijven, veelal gevestigd op arme zandgronden of ontgonnen veengebieden, hadden simpelweg te veel bedrijfsopvolgers. Er moest een andere toekomst komen voor de zonen die het bedrijf niet konden overnemen, om hen zo te laten ontsnappen aan armoede.

Hun toekomst lag in de bouw of in de industrie. De burgemeester had nog een voordeel van de ambachtsschool in Gemert benadrukt bij de opening: 'Ons plattelandsvolk behoeft thans niet meer te worden blootgesteld aan de gevaren van de grote stad. Onze boerenjongens kunnen straks in eigen omgeving passende arbeid vinden op karwei, in werkplaats en fabriek.'

Een tekort aan mensen in de bouw is een terugkerend verschijnsel. In 1954 besluit de gemeenteraad in overleg met lokale aannemers en de school tot het inlassen van een extra cursus metselen.

In april 1955 wordt het nieuwe schoolgebouw aan de Sint-Josephstraat betrokken. Bij de uitreiking van de eerste getuigschriften in het nieuwe schoolgebouw, houdt mijn opa een toespraak: 'Deze cursus was de eerste in de nieuwe school. Sfeer en omlijsting zijn nu heel anders. Alles gaat beter, rustiger, ordelijker en van deze gehele sfeer gaat een opvoedende waarde uit.' Toch vindt hij nog aanleiding om de leraren in de lerarenvergadering op te dragen hun taak als surveillant serieus te vervullen en streng toe te zien op het verbod op fluiten, zingen en praten in de gangen.

De leraren bezochten de ouders van alle leerlingen thuis. Mijnheer Schepers ging altijd op de fiets. Er was ook huiswerkbegeleiding, na schooltijd op school, waarvoor de ouders 2 gulden per maand moesten betalen.

Vroegtijdig schoolverlaten bestond toen ook al. Sommige leerlingen werden wegens wangedrag van school weggestuurd. Als ze echt spijt hadden konden zij zich opnieuw inschrijven. 'Onze Lieve Heer vergeeft onze schulden, zo willen wij ook graag vergeven aan onze schuldenaren, in dit geval dus aan de leerlingen die tijdens deze cursus wegens wangedrag uit de klas werden verwijderd,' aldus mijn opa bij de diplomaceremonie van 1961. De avondschool kende op zijn hoogtepunt in 1960 160 leerlingen maar gedurende het cursusjaar was er veel verloop; Zo liep in het schooljaar 1962/63 het aantal jongens terug van 146 naar 120.

Er was regelmatig een ouderavond. Er waren overigens geen afgesproken tijden voor een 'tienminutengesprek'. De ouderavond was van 19.00 tot 22.00 uur en begon met circa zes toespraken waarna de leraren konden worden gesproken. De ouders sloten daartoe achter elkaar aan in de rij en wachtten tot ze aan de beurt waren. Dan werd er, zeker in de latere jaren van de opleiding, ook gesproken over het vervolg voor de leerling. Naar een bedrijf om te werken of verder leren? Als de leerling het aankon, bevorderde de school verder leren, bijvoorbeeld richting het mbo, toen uts genoemd, de ‘uitgebreide technische school’. De uts werd later ‘middelbare technische school’ genoemd. Om de leerlingen voor te bereiden op de vervolgcarrière waren er stages en bedrijfsbezoeken. Lokale firma’s als Raymakers en Van Rooij Stalen Ramen werden bezocht, maar ook de steenfabriek in Oeffelt, Van Thiel in Beek en Donk en zelfs de Rotterdamsche Droogdok Maatschappij (RDM) en Wilton-Fijenoord. In 1958 bezocht de hele school de wereldtentoonstelling in Brussel. Naast de stage, gingen de oudste leerlingen vanaf 1949 elk jaar op driedaagse retraite in het Gemertse kasteel. Dagen van bezinning waarbij de jongens niet mochten praten en vooral moesten bidden, alles begeleid door paters. Deze geestelijken gaven in die dagen ook de seksuele voorlichting.

De Gemertse ambachtsschool had een sterk voetbalteam. De bekendste naam uit dat team was in 1961 Willy van der Kuijlen, eind jaren zeventig bij PSV bekend als ‘Skiete Willy’, topscorer aller tijden van de Eredivisie met 311 goals. Willy had van een docent metselen te horen gekregen dat hij wel eens beter zijn best mocht doen want ‘met voetballen kon je de kost niet verdienen’... Andere jongens brachten het tot het eerste elftal van bekerwinnaar Sparta.

Mijn opa moest veel rechtstreeks regelen met het ministerie, lumpsumbekostiging bestond nog niet. Zo kreeg hij in 1947 te horen dat de school drie overalls per maand toegewezen kreeg. Dat was natuurlijk onacceptabel. Er ging onmiddellijk een brief naar Den Haag. ‘Ik vraag u hierbij om verhoging van de toewijzing voor mijn school. Wat is nu 3 overalls voor 74 leerlingen. Alvorens de laatste aan de beurt is, is de schooltijd voorbij! Met de meeste hoogachting...’ En het overallsquotum ging omhoog. In 1963 verleende het ministerie zelfs toestemming voor de aanschaf van een televisietoestel.

De jaren zestig waren bepaald nog geen vetpot voor het Nederlandse onderwijs. Elk dubbeltje moest worden omgedraaid. Zelfs het traditionele Brabantse worstenbroodje na de heilige mis voor kerst kon er in 1961 niet van af; 'te duur'. De jongens leerden zuinig om te gaan met de materialen en gereedschappen. Zo dienden leerlingen rekening te houden met het feit dat zachte potloden 15 cent kostten en harde 25, zo verordonneerd door 'Den Haag'. Een verzoek van een leraar om 's avonds bij de avondschool koffie te krijgen, werd afgewezen. Budget voor invallessen was er niet. Invallers werden betaald met handdoeken en katoenen luiers uit de eigen schoolweverij.

De uitgaven moesten minutieus worden verantwoord en kleine bedragen die niet-subsidiabel bleken moesten op last van het ministerie worden teruggestort. De boekencontrole werd gedaan door de accountants van de Vereniging Nederlandse Gemeenten en vervolgens kwam de controle van het ministerie waarvoor men maar liefst een week uittrok. De huidige verantwoordingslast is er niets bij. Er waren ook verbeteringen; in 1964 verdwijnt op last van het ministerie het loonzakje en wordt het salaris voortaan overgemaakt via de bank. In die periode verandert er veel. De textielindustrie is over zijn hoogtepunt heen. Ook de belangstelling van leerlingen voor het vak weven nam snel af. Bij textielfabriek Raymakers in Helmond wordt de damastweverij gesloten. Het vak weven verdwijnt in 1963 uit het curriculum van de school en de docenten krijgen 'ontslag onder dankzegging voor bewezen diensten'.

In 1969 neemt ook mijn opa afscheid, hij gaat met pensioen. Hij is 41 jaar betrokken geweest bij het ambachtsonderwijs, negentien jaar als leraar en 22 jaar als directeur. In 1969 begonnen de plannen voor uitbreiding en nieuwbouw van de school en dat was voor mijn opa teken het stokje aan een nieuwe directeur over te dragen. Een jaar daarvoor was de Mammoetwet van minister Cals (KVP) ingegaan waarin de Ambachtsscholen verdwenen. De scholen zelf verdwenen natuurlijk niet maar werden 'lagere technische school' (lts). Mijn opa had de naam op de gevel van zijn school al in 1951 veranderd in 'Technische School' omdat de ambachtsschool geen beste naam had in die tijd. Als er iets gebeurde in het dorp werd er meteen naar de jongens van de ambachtsschool gewezen...

De lts is niet langer eindonderwijs. Ook verandert het curriculum sterk. Er komt, zeker in de eerste opleidingsjaren veel meer aandacht voor algemene vorming ten koste van technische vakken. Dat geldt ook voor de huishoudschool die verdwijnt en opgaat in het lager huishoud- en nijverheidsonderwijs (lhno). De Mammoetwet leidt ook tot meer differentiatie in niveaus. Bij de opening van het nieuwe gebouw van de Gemertse lts in 1972 onderstreepte secretaris-generaal Van Wolferen van het ministerie van O&W de gewenste verschuiving: 'Niet langer is vakmanschap voldoende voor de leerlingen, ook algemene vorming is nodig om de spelregels van de samenleving te leren kennen. De meer gespecialiseerde vakopleiding zal na de lts moeten plaatsvinden.'

Met de Mammoetwet namen wel de mogelijkheden tot doorstroming, binnen de school en daarna, sterk toe. Het hele onderwijsstelsel werd heringericht waarbij de aansluiting tussen de vele en zeer uiteenlopende schoolsoorten werd zeker gesteld. Dat was voor leerlingen die met weinig bagage maar veel talent aan het onderwijs begonnen een geweldige verbetering. Met het opstromen of stapelen van scholen en diploma's verbeterde de kansengelijkheid aanzienlijk. Voor 80 procent van de leerlingen, die lager beroepsonderwijs volgde, openden zich hele nieuwe wegen.

Het onderwijs op de lts werd op vier verschillende niveaus gegeven, A, B, C of D. Alle leerlingen volgden de tweejarige brugperiode, pas daarna volgde de keuze voor een beroepsrichting. Ook deze gezamenlijke brede vorming en het uitstel van de richtingkeuze bevorderden de emancipatie van kinderen van lager opgeleide ouders.

Voor de leraren was de onderwijsvernieuwing ingrijpend en de vernieuwingen zouden elkaar in de jaren daarna snel opvolgen. Zeer ingrijpend was de invoering van de basisvorming in 1993, gecombineerd met de vorming van grote scholengemeenschappen. In het gehele voortgezet onderwijs wordt voortaan gestart met vijftien vakken, waaronder techniek en verzorging. Een enorme verbreding waarvoor maar 32 uur per week beschikbaar is.

De basisvorming was een van de onderwijshervormingen waar ons parlementaire onderzoek zich op richtte. Zoals alle hervormingen had ze een lange voorgeschiedenis. Belangrijk onderdeel van die voorgeschiedenis vormde de wens te komen tot een middenschool. Al tijdens het kabinet-De Jong, eind jaren zestig, ontstond de wens te experimenteren met een middenschool voor twaalf- tot vijftienjarigen. In de Contourennota van PvdA-minister Van Kemenade uit 1975 wordt de middenschool gepresenteerd om gelijke kansen te bevorderen en het selectiemoment van leerlingen uit te stellen. Er komen experimenten op vijftien scholen maar in latere kabinetten wordt het niet doorgezet. De discussie zat vast op de vraag of het uitstellen van het selectiemoment ook moest gelden voor categorale scholen, zoals gymnasia. Het was de Wetenschappelijke Raad voor het Regeringsbeleid die in 1986 een advies uitbrengt om deze impassen te doorbreken. De WRR pleit voor basisvorming in de vorm van een kerncurriculum van veertien vakken, waaronder techniek, voor alle leerlingen. De niveauverschillen zouden worden getoetst in een afsluitend examen. Verder bepleitte de WRR een aparte combinatievariant voor meer praktisch ingestelde leerlingen voor wie een lange basisvorming niet wenselijk was. En de WRR pleitte voor een geleidelijke invoering van tien jaar. Het wetsvoorstel, ingediend door minister Deetman wordt later nog fors aangepast door staatssecretaris Wallage. Er komt één niveau voor alle leerlingen en geen combinatievariant. Tegelijkertijd wordt sterk ingezet op de vormig van brede scholengemeenschappen, zodat de leerlingen ook in de praktijk bij elkaar in een school kwamen. De wet gaat in 1992 in en moet overal worden gerealiseerd binnen een jaar. Een uiterst riskante operatie.

De basisvorming hield dus geen rekening met verschillen in leerlingpopulatie maar liet wel veel ruimte aan scholen om de kerndoelen zelf invulling te geven. Door de enorme verbreding van het vakkenpakket kwam techniek op de lts nog verder in de verdrukking. De Universiteit Utrecht onderzocht de invoering van het vak techniek als onderdeel van de basisvorming op de Gemertse lts en concludeert dat 'de school een eigen visie op het vak techniek had en dat de kwaliteit van het onderwijs nog altijd zeer hoog was.' Zo ging het vaak met de Haagse onderwijsvernieuwingen. Scholen en individuele leraren geven er hun eigen draai aan, halen eruit wat ze aanspreekt, maar laten als het even kan die onderdelen weg waar ze niet in geloven. Er moet ook een verplichte extra taal in het pakket komen, Duits of Frans. De Technische School in Gemert koos Duits omdat de gebruiksaanwijzing van technische apparatuur nogal eens in het Duits was. Het moest wel praktisch zijn.

De volgende grote vernieuwing die het voorbereidend beroepsonderwijs overhoophaalt, is de invoering van het voorbereidend middelbaar beroepsonderwijs, het vmbo. De discussie daarover begon direct na invoering van de basisvorming. De leerlingenaantallen in het voorbereidend beroepsonderwijs liepen sterk terug. Het imago was achteruitgegaan, mede doordat er niet meer werd opgeleid tot vakmanschap. Steeds meer ouders zagen hun kinderen liever naar de mavo gaan. Een vertrouwde manier van de Haagse beleidsmakers om daarmee om te gaan was deze twee schooltypen te fuseren. Mavo en vbo zouden vmbo vormen. Daarbinnen zouden verschillende leerwegen mogelijk zijn. Een theoretische leerweg, een gemengde leerweg, een beroepsgerichte leerweg en het praktijkonderwijs. Daarnaast zal het leerwegondersteunend onderwijs worden ingevoerd. Deze leerwegen moesten in principe in vier sectoren worden aangeboden: techniek, dienstverlening, economie en landbouw.

Gelijktijdig met de onderwijsvernieuwingen werden fusies van scholen vanuit Den Haag sterk bevorderd. In 1977 waren het lagere huishoud- en nijverheidsonderwijs en het lager agrarisch onderwijs in Gemert al samengegaan in een nieuwe scholengemeenschap onder de naam De Stroom. Het leerlingenaantal lag rond de zeshonderd. In 1986 werd de Gemeentelijke Lagere Technische School (lts Gemert) hernoemd tot de Technische School Doregraaf. En vanaf

1988 laat de gemeente het bestuur van de school over aan een bestuurscommissie. In 1989 wordt al de intentie uitgesproken om de Doregraaf te laten fuseren met De Stroom. Uiteindelijk gaan beide scholen, met het Macropediuscollege, in 1996 op in het Commanderij College. De inspecteur van de Landelijke Onderwijsinspectie is een van de drijvende krachten achter de fusie-op-fusie. Het Walterus de Beecke College uit Beek en Donk wordt er korte tijd later aan toegevoegd. Een echte brede scholengemeenschap. Voor vmbo, mavo, havo, vwo en een gymnasium.

Het klassieke technische onderwijs waarin vakmanschap centraal stond was volledig opgegaan in algemeen vormend onderwijs voor alle leerlingen. Maar dat had mijn opa niet meer meegemaakt.

Oudoom Jan van den Boom
Onderwijzer van lagere school tot lager voortgezet onderwijs

Mijn oma van moederszijde was een Van den Boom. De familie Van den Boom kende aanvankelijk veel middenstanders. In het begin van de achttiende eeuw was ene Jan van den Boom naar Bergen op Zoom getrokken vanuit het dorpje Essen waar de familie kan worden getraceerd tot circa 1650. Essen was met de Vrede van Münster, waarmee in 1648 een einde kwam aan de Tachtigjarige Oorlog, onderdeel van de Zuidelijke Nederlanden geworden. Tegenwoordig ligt het in België. Jan was landman, aldus zijn huwelijksakte uit 1720. Opeenvolgende generaties Van den Boom werden hovenier (tuinders), voerman (transportbedrijf) en belastingophaler.

De vader van mijn oma heette ook weer Jan van den Boom en was slager. Zijn vader kreeg in 1893 een vergunning van het college van B&W tot het bouwen van een winkel op de hoek van de Koepelstraat en in 1896 voor het vestigen van een slagerij in hetzelfde pand. Jan kreeg van zijn vader een varken en een koe en kon beginnen. Hij trouwde met Jans en Jan en Jans kregen negen kinderen van wie er twee jong stierven. Jans zou zelf, 43 jaar oud, aan borstkanker overlijden. Twee van de zonen, Piet en Klaas, werden, na de lagere school, ook slager, later ieder met een eigen winkel. Twee andere zonen, Jan en Nol gingen het onderwijs in. René ging werken voor de Belastingdienst en heeft daarnaast jaren lesgegeven aan de Handelsavondschool in Venlo. Over hen gaat dit hoofdstuk.

In 1901 werd mijn oudoom Jan geboren als derde kind in het gezin. Deze Jan van den Boom zou de stamvader van een nieuwe onderwijstak aan de familieboom worden. Een onderwijsman met een enorme passie voor het vak, een passie die hij weer doorgaf aan zijn kinderen en kleinkinderen.

Na de bewaarschool en de lagere school, ging hij als vijftienjarige naar het internaat van de broeders van Huijbergen, als voorbereiding op de onderwijzersopleiding die hij aansluitend volgde aan de kweekschool in Breda. Dit internaat was in 1901 door dezelfde broeders gesticht, het geboortejaar van Jan. De congregatie heette voluit de Congregatie van Broeders van de Onbevlekte Ontvangenis van de Allerheiligste Maagd en Moeder Gods, Maria te Huijbergen. Deze broederschap werd in 1854 gesticht door de toenmalige bisschop van Breda, Joannes van Hooydonk. Het moederhuis werd gevestigd in Huijbergen in het laatst overgebleven Mariaklooster van de Wilhelmieten, een kloosterorde opgericht in 1224 en opgeheven in 1847. Doelstelling van de congregatie was 'het beoefenen van liefdewerken voor de medemens', in het bijzonder door opvoeding en onderwijs. De laatste jaren zijn de broeders van Huijbergen vooral in het nieuws geweest met schandalen van seksueel misbruik van kinderen waarvoor zij verantwoordelijk waren, onder andere in kindertehuis Sainte Marie.

Aan het einde van de kweekschool moest Jan beslissen of hij broeder wilde worden. Dat trok Jan niet, waarna hij het laatste jaar niet langer intern mocht blijven en op kamers ging. In mei 1921 was hij weer terug thuis en startte zijn loopbaan als twintigjarige onderwijzer aan de Sint-Franciscusschool bij de broeders op de Hoogstraat. Hij begon, samen met een collega, in een eerste klas van zeventig kinderen! De school zou later worden gesplitst in een boven- en benedenschool.

In 1929 trouwde Jan met Dymph, tante Dymph voor ons, en ging boven het hardsteenbedrijf van zijn schoonvader wonen aan de Antwerpsestraat, waar de drie kinderen werden geboren: Joan, Wiesje, en Alphons. Na schooltijd studeerde Jan verder, om de hoofdakte te halen. Na een staatsexamen kon je zo hoofdonderwijzer en schoolhoofd worden. Maar in Bergen op Zoom waren vrijwel alle schoolhoofden broeder! Het betrof allemaal parochiescholen, verbonden aan een parochiekerk. Er waren vijf parochiescholen, steeds met een jongens- en een meisjesschool. De meisjesschool stond natuurlijk onder hoede van nonnen en juffen.

Hij heeft nog wel gesolliciteerd, onder andere in Breda en Oss, maar hij werd niet aangenomen.

Tot 1957, toen hij werd aangesteld aan de vglo-school St.-Franciscus van Sales. Vglo stond voor voortgezet gewoon lager onderwijs. Dit onderwijs werd gegeven aan leerlingen die de lagere school hadden verlaten en nog leerplichtig waren. De leerplicht was stapsgewijs uitgebreid. Tijdens de bezetting werd de achtjarige leerplicht ingevoerd. Aangezien de lagere school slechts zes jaar was, was voor sommige leerlingen een tweejarige aanvulling nodig, waar anderen al doorleerden. Met de Mammoetwet van 1968 werd vglo vervangen door de nieuwe lhno (voorheen de huishoudschool), de lts (voorheen de ambachtsschool) en de leao. Ook deze schooltypen zijn inmiddels verdwenen en opgegaan in het vmbo.

Het was een echte streekschool die werkte met toentertijd moderne apparatuur zoals film, dia's en schoolradio. In 1942, midden in de oorlog, haalde hij nog zijn bevoegdheid Duits, uitgegeven door het Departement van Opvoeding, Wetenschap en Kultuurbescherming. De leerplicht werd namelijk in de bezettingstijd verhoogd. Er was al een zevende klas en toen kwam er een achtste klas bij. Duits werd verplicht in de zevende en achtste klas.

In 1953 was oom Jan al begonnen met middenstandsonderwijs, om mensen klaar te stomen voor het middenstandsdiploma, vereist om een eigen zaak te mogen beginnen. Er werd gestart met een eenjarige en tweejarige cursus, zoals vastgesteld in de Vestigingswet kleinbedrijf uit 1947.

Later zou hij mede aan de start staan van de Middenstands-Handelsavondschool Regina Coeli. Daarnaast gaf oom Jan ook nog eens les aan de postulanten en novices in Huize Catharina, terwijl hij ook de vooropleiding voor verpleegsters in het Algemeen Burger Gasthuis voor een gedeelte voor zijn rekening nam.

Oudoom Nol van den Boom

Na de hbs, onderwijzer en directeur van de mulo

Oom Jan was niet de enige in het gezin die met passie voor het onderwijs ging. Dat gold ook voor oom Nol, zijn twee jaar jongere broer. Nol, geboren in 1903, deed de zevenjarige lagere school. Op een dag stond zijn vader te wachten voor de spoorwegovergang toen ineens het hoofd van de school naast hem stond. 'Wat ga de doen met jullie Nol? Ge moet hem naar de hbs doen, want hij kan goed leren.' Een verhaal dat met plezier in de familie is doorverteld. Oom Nol zou er altijd dankbaar om zijn geweest.

Hij was dertien toen zijn moeder, op wie hij dol was, overleed na een zwaar ziekbed. Stiefmoeder had niet veel met kinderen en Nol had het er zwaar mee. Toch bleef hij tot zijn 26ste jaar thuis wonen. Studeren had geen prioriteit. Hij moest helpen in de slagerij van zijn vader. Maar hij deed het wel. Gelijktijdig met de zevende klas volgde hij de burgeravondschool als extra voorbereiding voor het toelatingsexamen voor de hbs. Het werd de rijks-hbs (B) aan de Burgemeester Stulemeijerlaan in Bergen op Zoom, waarvoor hij zijn huiswerk 's avonds bij kaarslicht deed op zijn zolderkamertje. Maar eerst moest hij vlees rondbrengen voor vaders slagerij.

Nol wilde na de hbs eigenlijk naar de school van de Posterijen maar die zat vol. Toen is hij, via een soort zijinstroom een stoomcursus voor onderwijzers gaan doen gedurende twee jaar. Hij werd onderwijzer in Welberg, bij Steenbergen. In de avonduren, nadat het schoolwerk gedaan was, studeerde hij voor zijn wiskundeakte. Eenmaal geslaagd ging hij aan de slag aan de mulo in Steenbergen. Hij had daar ook graag hoofd van willen worden maar dat is niet gelukt.

Zijn stiefmoeder arrangeerde de huwelijken van zijn broers. Zij koos de geschikte huwelijkskandidaten. Maar bij Nol kreeg ze dat niet voor elkaar. Nol maakte zijn eigen keuzes. Hij trouwde in 1932 met Thea en zij kregen drie kinderen, Jetty, Jan en Gerrie.

Zoon Jan heeft herinneringen aan de oorlogsjaren in Steenbergen, die hij zou optekenen in zijn laatste levensfase in 2015. 'De Duitsers waren ingekwartierd in de lagere school in Steenbergen. Wij kregen daarom les in de Blauwe zaal, in het dorpshuis. De zaal werd in tweeën gesplitst door twee in het midden geplaatste schoolborden. Aan beiden kanten werd lesgegeven. Andere kinderen kregen les in verschillende cafés in het dorp.' In september 1944 werd Steenbergen geraakt door Duitse bommenwerpers. De eerste voltreffer kwam boven op het dak van oom Nols huis terecht. Scherven spatten tot in de woonkamer uiteen. Het gezin was tijdig in de kelder van de overbuurman gevlucht, waar het zes dagen en nachten doorbracht. Steenbergen liep grote schade op.

Kort na de oorlog, in 1946, verhuisde het gezin naar Vaals in Zuid-Limburg. Oom Nol maakte promotie en werd hoofd van de mulo. Tegelijkertijd gaf hij les in wiskunde en Nederlands. Het was een grote overgang, ook voor de kinderen, Jetty en Jan, die als 'Hollanders' werden gezien. Jetty ging naar school bij de nonnen, de Dames du Sacré Coeur, gevestigd in het huis Bloemendal. In de oorlog was dit klooster nog door de Duitsers geconfisqueerd en ingericht als militair ziekenhuis. Na de oorlog werd het weer een meisjesinternaat, maar twintig jaar later was de terugloop van aanmeldingen zo groot dat het internaat ophield te bestaan. In 1976 vertrokken de laatste nonnen, en werd de havo-atheneum van Vaals erin gehuisvest. Jetty werd op haar veertiende van school gehaald, om voor moeder en haar zwaar gehandicapte broertje Gerrie te zorgen. Na enkele jaren ging Jetty de verpleging in.

Ook Jan had het moeilijk op zijn nieuwe school. Hij werd veel gepest. 'Het getreiter kwam tot een dieptepunt toen mijn leraar uit machtsvertoon een houten latje op mijn hand stuk sloeg.'* De man had tevergeefs gesolliciteerd op de functie die Jans vader oom Nol had gekregen. Na een halfjaar kon hij gelukkig die lagere school verlaten en overstappen naar de middelbare school waar zijn vader hoofd was geworden. Jan was klein, tenger, en zijn vader vertrouwde het hem niet toe om ver naar school te moeten reizen. En dus werd het de mulo en niet de hbs.

Vader Nol was streng, rechtlijnig en gedisciplineerd. Maar toch ook aardig. In zijn kast stonden boeken als *De tempel van het gezin* van J.J.M. Brouwers en *Het meisje* van Dr. S.I.S. Heijster, waarin een gedisciplineerde visie op opvoeding werd gegeven. 'Kort houden' was een uitdrukking die vaak van toepassing werd verklaard. Hij was een schooldirecteur met een groot, natuurlijk, gezag. Als er problemen waren met de opvoeding van kinderen, dan kwamen ouders 's avonds thuis langs om ze te bespreken met mijnheer Van den Boom.

In 1968 kon hij stoppen met werken. Vlak voor de invoering van de Mammoetwet en daar was hij blij om. Om zijn kleindochter nog bijles te kunnen geven, heeft hij zich na zijn pensioen 'het nieuwe wiskunde' nog helemaal eigen gemaakt. Nol van den Boom zou 44 jaar lang met grote overgave leraar zijn.

---

* Jan van den Boom, *Memoires van een content mens*, 2015.

Oudoom René van den Boom

Via de Amsterdamse Bank en de Belastingdienst naar docent op de Handelsavondschool

Oom René was een stuk jonger dan broers Nol en Jan. Na de hbs (A) in Bergen op Zoom ging hij naar Amsterdam waar hij bij zijn zus Jeanne woonde en bij de Amsterdamse Bank ging werken. Kort na de oorlog, inmiddels getrouwd met Nelly, verhuisden ze naar Oisterwijk en later naar Tilburg, waar René als accountant bij de Rijksaccountantsdienst ging werken. Weer zeven jaar later werd dat de Rijksbelastingdienst te Venlo. Daar heeft hij vanaf 1957 ook zestien jaar voor de klas van de Gemeentelijke Handelsavondschool gestaan. Hij gaf boekhouden, bedrijfsrekenen, handel en recht. Toch nog het onderwijs in. Nog jaren na zijn pensionering corrigeerde hij jaarlijks de middenstandsexamens, als eerste en als tweede corrector. Oom René en tante Nelly woonden later in Son en Breugel waar ik ze ook nog heb meegemaakt. Zij kregen zes zonen.

DE TWEEDE GENERATIE

Mijn moeder
Van montessori via de kweek tot blo

Het onderwijsverhaal van mijn moeder, en de generaties vrouwen voor en na haar, is ook een emancipatieverhaal. Een emancipatie die, zeker in haar jeugd, nog lang niet af was. Maar vergeleken met háár oma, zou ze al veel verder komen.

Mijn moeder heet Johanna Visser, roepnaam Joop, en werd geboren in 1933 in Bergen op Zoom, West-Brabant. Een heel goede leerling, altijd de jongste in de klas. Net als haar moeder, Nelie van den Boom, zou ze worden opgeleid door de zusters franciscanessen.

Het verhaal van de zusters franciscanessen in Bergen op Zoom, is ook het verhaal van de emancipatie van de katholieke onderwijszuil ná de Franse periode. De Tachtigjarige Oorlog ging over godsdienstvrijheid, zo leerden we op school, bevochten door de dappere Hollanders op de Spaanse bezetter. Maar de uitkomst was dat de katholieken van Nederland, vooral woonachtig in het zuiden, hun godsdienstvrijheid feitelijk kwijtraakten. Na de Vrede van Münster in 1648 werd de uitoefening van de katholieke godsdienst verboden in de Republiek. Brabant werd een van de Generaliteitslanden, zeg maar een interne kolonie. Pas toen de Franse Revolutie met haar vrijheid, gelijkheid en broederschap Nederland bereikte in 1795, kregen de katholieken hun godsdienstvrijheid en vrijheid van onderwijs. Ook na de terugkeer van de Oranjes in 1815 bleef die nieuwe vrijheid bestaan. In 1853 stond koning Willem II toe dat Nederland een eigen episcopaat kreeg, en werden de Nederlandse bisdommen weer ingesteld. Het katholieke onderwijs ontwikkelde zich tot een dominante factor in de vorming van het katholieke deel van de bevolking. De voorhoede van zuster- en broedercongregaties namen daarin een steeds grotere rol.

Zo ook de franciscanessen. De zusters probeerden vanaf 1830 voet aan de grond te krijgen in Bergen op Zoom, de stad van mijn moeder, maar zouden er pas definitief in 1858 in slagen. In 1873 openden ze de Sint-Antoniusschool voor meisjesonderwijs. Binnen enkele jaren moest er al worden bijgebouwd. Het complex van de zusters omvatte in 1920 een huishoud- en nijverheidsschool, een kweekschool, een mulo-internaat, twee lagere scholen en bewaarscholen. Verder was er een blo-school (buitengewoon lager onderwijs) voor 'debielen' en een aparte school voor 'imbecielen', benamingen die toen normaal waren en nu niet meer kunnen. Uiteraard was er ook een klooster bij waar de zusters woonden en van waaruit ze binnendoor naar de school konden. In 1922 telde de 'Rooms-katholieke meisjesschool Sint-Antonius' maar liefst 783 leerlingen.

De katholieke onderwijszuil was tegelijk ontstaan met de protestantse zuil. De protestantse historicus en politicus Guillaume Groen van Prinsterer, en na hem Abraham Kuyper, keerden zich fel tegen de schoolwet van 1806 waarin voor het eerst sprake was van nationaal onderwijs en onderwijsbeleid. De scheiding die daarbinnen werd aangebracht tussen algemeen en leerstellig (godsdienstig) onderwijs, werd door hem verworpen. Vanaf 1842 werd hieraan tegemoetgekomen door te bepalen dat een onderwijzer mocht worden aangesteld die het beste paste bij de religie van de streek en het werd makkelijker gemaakt een eigen school op te richten. De verzuiling was ingezet. De openbare of 'gemengde' school mocht, zonder de Bijbel, blijven bestaan. De bijzondere scholen waren direct in opkomst en de schoolstrijd ontbrandde over gelijke bekostiging door de staat, uiteindelijk geregeld bij 'de pacificatie' van 1917.

In de tijd van mijn oma waren er nog meerdere soorten lagere scholen, naast privaat thuisonderwijs, zoals de Franse school, de Hollandsche school en de armenschool. De laatste was gratis. Mijn oma zat, als dochter van een middenstandsgezin, op de Franse school.

Oma Nelie van den Boom was de jongste dochter uit een gezin van negen kinderen. Na de lagere school wilde mijn oma niet verder leren, hoewel ze daar wel de kans toe had. Na een week werken in de slagerij van haar vader, had ze alweer spijt van die beslissing. Háár moeder, Johanna Hopmans, geboren in 1872, dochter van hovenier Hopmans, had slechts tot haar elfde lagere school gevolgd.

Mijn moeder, toen nog met roepnaam Jopie, was van jongs af aan leergierig. Als vierjarig meisje begon ze in 1937 op de Gerardus Majellaschool van de zusters franciscanessen van de congregatie van Oudenbosch. Bij het gebouwencomplex van de zusters bevond zich ook een bewaarschool, oftewel de kleuterschool. Haar broer en zussen gingen pas met vijf jaar naar de kleuterschool. Maar Jopie vroeg alsmaar of ze naar school mocht. Haar moeder voelde daar eigenlijk niet veel voor, ze was erg beschermend en hield haar kinderen graag klein. Jopie was eind juni jarig en zou dus een jonge leerling in de groep zijn. Nadat ze vier was geworden mocht ze naar school. Ze kwam in een klas met vier- en vijfjarigen. Veel kinderen gingen overigens helemaal niet naar de kleuterschool omdat deze nog niet gratis was. De lagere school, verplicht vanaf zes jaar, was wel gratis.

Binnen de Gerardus Majellakleuterschool had je naast elkaar een fröbelschool en een montessorischool. Mijn moeder ging naar de montessorikleuterschool, die wat duurder was en daardoor een betere naam had. Beide hielden er een andere pedagogische visie op na, maar werden door dezelfde zusterorde aangeboden.

Fröbel was een Duitse pedagoog uit de eerste helft van de negentiende eeuw en oprichter van de eerste kleuterscholen, later kindergarten genoemd. De scholen gaven alle ruimte voor creatieve ontwikkeling voor de jongste kinderen. Ook in Nederland heten kleuterscholen soms tot in de jaren zestig nog fröbelscholen. Het afgeleide werkwoord fröbelen heeft een niet zo positieve bijklank gekregen in het Nederlands.

Montessorionderwijs, genoemd naar zijn oprichter, de Italiaanse arts en antropologe Maria Montessori, werkt met 'gevoelige periodes' waarin per kind wordt gekeken waar het aan toe is. In de visie van Montessori ontstaan bij het kind leerbehoeften vanuit een natuurlijke drang tot zelfontplooiing. Dankzij dat individuele systeem kon mijn moeder al vroeg op de kleuterschool leren lezen en schrijven. Daarnaast waren er allerlei methodes om spelenderwijs de ontwikkeling van de kleuters te stimuleren. Vrij spelen in de poppenhoek bestond niet.

De schooldag was ook voor vierjarigen al doordrenkt met katholicisme. Als je 's ochtends het lokaal binnenkwam liep je eerst naar het wijwatervaatje om je vingers nat te maken en een kruisje te slaan. Recht tegenover de deur waar je binnenkwam hing een kruisbeeld. Daar moest je vervolgens naartoe lopen en knikken, want je moest Jezus natuurlijk eerst begroeten. Daarna liep je naar de 'sur', de kinderversie van het Franse soeur (zuster), om haar een hand te geven. Die volgorde van begroeting was natuurlijk heel belangrijk. Zo leerde mijn moeder op de lagere school ook dat als je op straat een priester en een engel zou tegenkomen, je de pastoor eerst moest begroeten want de priester was hoger dan een engel. Dat zijn toch belangrijke dingen om te weten voor het verdere leven. Pas nadat Jezus en de zuster waren begroet, mocht je naar je plaats maar niet nadat je met een stofdoekje je tafeltje en je stoeltje had afgedaan, het doekje op de gang had uitgeklopt en weer netjes opgevouwen had teruggelegd. Na deze rituelen stond de sur op en opende de schooldag met gebed. Zo begon elke dag op de kleuterschool.

Bewegingsonderwijs was er ook al, in de vorm van streeplopen. Door de klas, over de vloer liepen ellipsvormige lijnen. Eén buitenring om alle tafeltjes heen en één kleinere binnenring om een grote tafel met aquarium, die midden in de klas stond. De sur speelde dan op de piano en de kleuters moesten op de maat op de streep lopen. Op een film die mijn opa hiervan maakte, is dit tafereel ook vastgelegd.

Jaren later zou mijn moeder de schoolgebouwen in Bergen op Zoom uit nieuwsgierigheid nog eens bezoeken, waar nog altijd die montessoribasisschool zit. Ze mocht rustig rondkijken en ontdekte dat de leermaterialen voor kleuters die zij tachtig jaar geleden als klein meisje aantrof in de klas, onveranderd zijn. En nog altijd worden gebruikt! De leesmethode was 'volkomen synthetisch'. Dat wil zeggen, je leerde letters en pas daarna leerde je met letters woorden vormen. Zo waren er plankjes met daarop de letters, drukletters en schrijfletters, in fijn schuurpapier. Om de letters te leren, moest je met je vinger de lijnen van de letter volgen. Er waren letterbakken met letters waarmee je woorden kon maken. Later kwam de 'analytisch-synthetische' methode meer in zwang. Daarbij werden woorden geleerd, zoals roos, mies, of vuur, die daarna werden ontleed tot letters.

Met deze methode leerde mijn moeder in de tweede kleuterklas zichzelf lezen. En dat in een klas met meer dan veertig kinderen. Dat was in die tijd overigens heel gewoon.

Nadat de kleuterschool was uitgegaan om halfvier, ging Jopie vaak met haar moeder en kleine zusje naar haar opa en opoe Visser. In het oude pandje waar zij een textielwinkel hadden, is nu café De Witte Olifant gevestigd. Om kwart over vijf moesten moeder en kinders weer thuis zijn, als vader thuiskwam van zijn werk op de ambachtsschool.

Doordat ze aan het einde van de kleuterschool al kon lezen, schrijven en rekenen, mocht Jopie de eerste klas op de lagere school overslaan. Ze was daardoor bijna twee jaar jonger dan de oudste kinderen in de klas. In de tweede klas kwam ze bij zuster Adolphine. Ze had natuurlijk geen idee hoe het eraan toeging op de lagere school, maar daar besteedde Adolphine geen aandacht aan. Het ging allemaal met harde hand. Mijn moeder was een van de weinigen in de klas die lang haar had, pijpenkrullen, en daar werd door de zuster ruw aan getrokken als ze haar werk niet op tijd af had. En dat gebeurde nog wel eens. Jopie kon het niveau prima aan maar was geen snelle werker. Zo lukte het soms niet om het dictee dat werd voorgelezen snel genoeg op te schrijven. De rapportcijfers waren daarom niet zo denderend.

De onderwijzeressen van de lagere school, drie zusters en vijf juffrouwen, hebben geen warme herinneringen bij haar achtergelaten. Na zuster Adolphine kwam juffrouw Flipse, een leek, dus geen non, die haar het leven behoorlijk zuur maakte. Andere kinderen zoals Cor, wier ouders in de oorlog aardappelen meegaven voor de juf, werden duidelijk beter behandeld.

Voorafgaand aan de schooldag ging Jopie elke dag om halfacht met haar vader naar de kerk. Juffrouw Flipse zat daar ook elke ochtend. Er waren vier ochtendmissen, elke werkdag, om zeven uur, halfacht, acht uur en negen uur. Om acht uur ging ze dan weer naar huis om te ontbijten om daarna om negen uur op tijd op school te zijn. Elke eerste vrijdag van de maand moest iedereen van school verplicht naar de kerk. De mis was dan 'toegewijd aan het Heilig Hart van Jezus'. En de dagen daarvoor moesten alle kinderen vanuit school, met de klas, naar de kerk om te biechten.

De gymles begon in de klas met het controleren of iedereen een zwarte directoire onder de jurk aan had, als gymbroek. Alle meisjes moesten hun jurk een stukje optillen, zodat Flipse de inspectie kon uitvoeren. Het was oorlogstijd, dus zo'n artikel was moeilijk verkrijgbaar, en er zaten arme kinderen in de klas. Als je geen zwarte broek aan had, mocht je niet meedoen met de grondoefeningen en de wandrekken omdat de onderbroek dan tevoorschijn zou komen. De gymles begon altijd met de zaal rondlopen, in de maat. Ze leerden verschillende passen, zoals de 'Schotse pas' en marcheren in vier rijen naast elkaar. In dat jaar verschenen er voor het eerst wandrekken en zogenaamde Zweedse banken, de lange, lage houten banken die vast onderdeel werden van iedere Nederlandse gymzaal.

In de vierde en vijfde klas zat Jopie bij juffrouw van Ginderen, To van Ginderen, in een combinatieklas. Zij was aardig en stimuleerde de kinderen met een eigen beloningssysteem met plaatjes. In het laatste jaar had ze de strenge juf Jordans ('juf knot'); wat ouder, geen flauwekul, veel huiswerk maar daardoor heeft ze er veel van geleerd. Na de derde klas werden de groepen al gesplitst in 'wel doorleren' en 'niet doorleren'. De sociale status van de gezinnen speelde daarbij een grote rol. 'Witteboorden'-kinderen leerden door, arbeiders- en boerenkinderen leerden niet door: zo simpel lag het. Er waren wel uitzonderingen, maar een meisje uit een welgestelde familie die het niveau helemaal niet aankon, moest toch in het 'doorleren'-groepje blijven. Mijn moeder kwam ook in dat groepje. Ze kon het niveau makkelijk aan en haar vader was leraar, dus een witte boord. Dat gold ook voor haar klasgenootjes, wier vaders leraren aan de hbs waren, hogere beambte van het postkantoor, middenstanders met een eigen winkel, of directeur van een plaatselijke fabriek. In haar klas was er geen enkel kind uit een arbeidersgezin of van boerenafkomst van wie het talent werd gezien en aan wie de kans werd geboden om verder te leren.

Ouders kwamen in die tijd niet op school. Het kind kreeg drie keer per jaar een rapport mee. Vader moest dat tekenen om te bewijzen dat het gezien was. Er was geen sprake van tienminutengesprekken op school. Laat staan dat ouders tot in de klas de kinderen wegbrachten alvorens uitgebreid afscheid te nemen. Ouders hadden veel ontzag voor school en de leerkrachten. Die wisten immers wat goed was voor de kinderen, beter dan de ouders zelf. Het contrast met de huidige tijd waarin sommige ouders zelfs rechtszaken voeren tegen school als hun kind blijft zitten, kan niet groter.

De lagereschooltijd van mijn moeder viel precies samen met de oorlog. In 1939, tijdens de mobilisatie, moesten ze uit het schoolgebouw en kreeg ze halve dagen onderwijs in een ander schoolgebouw aan de andere kant van de stad. Aan het einde van de oorlog had ze opnieuw halve dagen les. De rijks-hbs gebruikte inmiddels het lagereschoolgebouw, omdat het hbs-gebouw was gevorderd.

In 1944 moest worden besloten wat Jopie na afloop van de lagere school zou gaan doen. Ze was pas tien jaar toen haar moeder al vroeg in het jaar besloot dat ze nog te jong voor het vervolgonderwijs was. Ze moest de zesde klas nog maar een keer overdoen. De juf vond zitten blijven toch eigenlijk onzinnig en vond dat ze door moest naar vervolgonderwijs. Er was een rijks-hbs voor jongens én meisjes maar deze was niet katholiek en dus niet bespreekbaar thuis. Als katholieke Bergse meisjes in die tijd naar een lyceum gingen dan moesten ze naar Roosendaal, waar een katholiek meisjeslyceum was. Treinen reden in 1944 echter zeer onregelmatig en de reis was onveilig door de oorlogssituatie. Vanwege die situatie mochten de meisjes tijdelijk naar de r.-k. jongens-hbs in Bergen op Zoom. Maar vanwege het gemengde onderwijs vonden haar ouders dat niet goed. Een andere optie was de mms, de middelbare meisjesschool. De mms zat qua niveau tussen de mulo en hbs in.

De nonnen in Moerdijk hadden een internaat én een

mms. Dat was kort daarvoor bij een bombardement zwaar beschadigd geraakt en deze nonnen hadden hun school verplaatst naar Bergen op Zoom. Ze namen hun intrek in een groot oud pand aan de Wouwseweg. Maar ook dat mocht niet, want die nonnen zouden op enig moment weer teruggaan naar Moerdijk en een dagelijkse fietstocht daarheen zag Jopies moeder niet zitten.

Bovendien, zo stelde mijn oma, jij hebt als klein kind al gezegd dat je juffrouw wilden worden. Dat hoorde mijn moeder voor het eerst. Ze had ooit tegen haar moeder gezegd dat ze 'juffrouw in een boekenwinkel wilde worden', en dat was door oma onthouden als schooljuf worden. Het werd dus de mulo.

Hoewel ze qua niveau makkelijk de hbs of het lyceum aan had gekund moest ze toelatingsexamen doen op de mulo. Ze slaagde met lof.

De opleiding van de Antoniusmulo van de zusters franciscanessen duurde drie jaar. De eerste twee jaar had ze les van zuster Wynanda, de directrice die ook Duits gaf. Deze zuster had, voordat ze in het klooster trad nog lesgegeven aan Jopies moeder op de lagere school. Wynanda had het voorzien op Jopie en gaf haar zelfs een keer een cijfer 2 op haar rapport. In het derde jaar kreeg ze gelukkig een nieuwe lerares Duits, sur Marie, en stond er meteen een 7 op haar rapport. Behalve zusters waren er ook lekenleraressen, ongetrouwd uiteraard. Twee daarvan waren ongetrouwde zussen, de dames Bevin, dochters van bankdirecteur Bevin, van de Bank van Mierlo die in 1964 opging in de ABN; juf Mien gaf Frans en geschiedenis en juf Addie Engels en natuurkunde. Juf Vogels, de derde, gaf aardrijkskunde, handelsrekenen en boekhouden. Aan de geschiedenislessen van juf Mien Bevin heeft Jopie de beste herinneringen: 'Ik heb nooit hoeven te leren, ik kon het zo onthouden. Zoals zij het allemaal vertelde, dat was geweldig.' Toen mijn moeder examen deed was ze met haar dertien jaar uitzonderlijk jong. Bij het ministerie in Den Haag moest haar vader nog aanvragen of dat wel mocht.

In datzelfde jaar, 1947, het was vlak na de oorlog, werd haar vader benoemd tot directeur van de nieuw op te zetten Gemeentelijke Ambachtsschool in Gemert, in Oost-Brabant. Jopie was eigenlijk al ingeschreven voor de kweekschool in Breda. Maar het hele gezin Visser verhuisde en ging letterlijk pionieren aan de rand van de Peel in Oost-Brabant. Mijn moeder, de oudste van de kinderen, verhuisde mee maar dat zou slechts voor heel kort zijn. Ze was pas veertien toen ze van de mulo afkwam. Van haar klasgenoten gingen er twee de verpleging in, een naar de kweekschool en de rest ging allemaal in een kantoorbaan aan de slag. Dus werken en niet doorleren. Joop mocht wel verder leren. Het werd de meest dichtstbijzijnde kweekschool, bij de zusters franciscanessen in Veghel. Of voluit: De Congregatie van de Zusters Franciscanessen van de Onbevlekte Ontvangenis van de Heilige Moeder Gods, te Veghel. Een internaat, en dus zou ze het ouderlijk huis verlaten.

Begin september 1947 moest ze zich melden op de nieuwe school. Maar haar ouders hadden nog geen nieuw huis in Gemert. Op de eerste dag vertrok Joop (de roepnaam Jopie was achtergebleven op de mulo) 's ochtends met de trein samen met haar vader vanuit Bergen op Zoom. Ze namen de trein naar Boxtel en stapten daar over op het Duitse lijntje, in Duitsland de Boxteller Bahn genoemd, die doorliep tot het Duitse Wesel aan de Rijn. Tegenwoordig is het in gebruik als fietspad. Mijn moeder stapte uit in Veghel. Haar vader had het bij de directrice voor elkaar gekregen dat Joop, bij hoge uitzondering, het eerste jaar thuis mocht blijven wonen, bij haar ouders die weldra in Gemert zouden gaan wonen. Ze ging van daaruit met de bus of de fiets naar Veghel heen en weer.

Het schooluniform voor de meisjes was nog geheel zwart. Zwarte jurk, zwarte muts, zwarte kousen, zwarte schoenen. De enige 'frivoliteit' was een wit kraagje, alleen voor de zondag... Na de oorlog was de zwarte jas niet meer verplicht, een geweldige stap richting de moderne tijd. Omdat ze 'extern' was, hoefde ze de zwarte kleren het eerste jaar nog niet te dragen. Opnieuw was ze de uitzondering. Na het eerste jaar kwam ze toch 'intern'.

Jopie vond het leven in het internaat in tegenstelling tot haar meeste medeleerlingen niet erg. Haar moeder was altijd veel te beschermend geweest en nu kreeg ze eindelijk meer vrijheid. Ze mocht maar zes keer per jaar naar huis. Met kerst, Pasen, Pinksteren, de grote vakantie en Allerheiligen. Tijdens de carnavalsweek waarin al te veel losbandigheid werd gevreesd, werden de meiden zorgvuldig binnengehouden en vond het veertigurengebed plaats. Overigens werd er in die tijd eigenlijk alleen carnaval gevierd in Breda, Bergen op Zoom en Den Bosch. Pas in de jaren vijftig werden er overal carnavalsverenigingen opgericht in Brabant.

Elke dag had hetzelfde strakke schema en begon om 6.40 uur. In 1949 werd dit hele schema een uur vervroegd, terug naar de dagindeling van voor de oorlog. Met de invoering van de 'Duitse' tijd waren de nonnen gedwongen geweest het rooster aan te passen. Maar voortaan was het om 5.40 uur opstaan en om halfnegen naar bed! De leerlingen hebben hevig geprotesteerd, maar dat mocht niet baten. Les- en studie-uren wisselden elkaar gedurende de dag volgens rooster af. Je 'standplaats' was de studiezaal. Als je les had, kwam de lerares in deuropening roepen: 'Eerste cursus!' Dat 'cursus' was jargon voor klas. Zo waren er meer eigen benamingen, zoals 'competitie' voor proefwerk. De studie-uren waren per vak op een bepaalde tijd ingedeeld. Later, toen het besef indaalde dat niet iedere leerling evenveel tijd hoefde te besteden aan elk vak, werd dat losgelaten.

School en internaat waren nog erg primitief. Centrale verwarming was er nog niet, die is aangelegd rond 1950. In alle lokalen stonden cilindervormige vulkachels die nu en dan 'ontploften' waarop er een wolk smerige lucht het lokaal in dreef. Kort na de oorlog waren er wel enkele moderniteiten doorgevoerd. Tot dan waren de enige wc's een rij plees op de speelplaats. Nieuw waren toen vier echte wc's, aangelegd in een voormalige pianokamer, maar omdat er geen wc-papier bij hoorde en de meeste meisjes uit schriften gescheurde vellen papier gebruikten, zat er altijd minstens één verstopt.

De meiden sliepen in een cel. Dat wil zeggen tussen hardboard schotten met aan de voorkant een wit laken. Alles hoog genoeg zodat er niet overheen gekeken kon worden. Bij chiquere meisjesinternaten heette de cel een chambrette maar dat kwam er in Veghel niet door.

De refter oftewel de eetzaal werd in die tijd voorzien van een radio. Nadat een aantal leerlingen stiekem *De Bonte Dinsdagavondtrein* van de AVRO had geluisterd, was het alweer gedaan en ging de radio achter slot en grendel in de kast. Hetzelfde gebeurde met de piano nadat een meisje daar jazz op had gespeeld. Maar de behoefte aan cultuur was niet te stoppen. En dus deed mijn moeder veel aan toneel. Ook de mannenrollen werden door de meiden gespeeld. Broeken waren dan toegestaan maar wel met een lange jas erover. Ze speelde in *Elckerlyc* en de hoofdrol van Jozef in het stuk *Dothan* van Vanden Vondel. En in een goudbrokaat jurk als Maria in een opvoering in theater Casino aan de Parade in Den Bosch. Het toneelspel vond plaats in de aula, tevens gymzaal. Tijdens de gymles was een matrozenjurk verplicht. Natuurlijk met de zwarte directoire eronder. In het derde jaar was er sprake van een kleine revolutie. Voortaan mochten de meiden met de gym een lange broek aan, een trainingsbroek. Van onderen gesloten met een elastiek, zodat aan de ringen niet te veel been tevoorschijn kwam. Omkleden voor de gym, in de lange broek met elastiek, gebeurde in de cel. Maar voor de verplaatsing in de school naar de gymzaal moest er kuis een lange jas over gedragen worden. Pas in de gymzaal mocht de lange jas uit. De gymleraar was een man, de heer Pieters, bijnaam 'Pietje'. Gelukkig was er altijd een non als surveillant aanwezig om de goede zeden te bewaken. De enige andere man was de rector van het klooster. Dit was een priester die godsdienstleer gaf, naast Bijbelse geschiedenis, liturgie en kerkgeschiedenis. Er werden geen risico's genomen met de goede zeden en geestelijke vorming van de kwekelingen.

Brieven schrijven was niet zomaar toegestaan, daar was speciale toestemming voor nodig. Behalve dan aan thuis, dat was dan weer verplicht. Elke maand werd het bulletin opgemaakt en aan de ouders gestuurd. Het bulletin was een kaart waarop vier zaken werden bijgehouden: Studie-ijver, Gedrag, Orde & Netheid, en Beleefdheid. En dat werd bijgehouden met 'de lijst'. Dat was een vel ruitjespapier, met vier kolommen voor de vier aspecten die werden bijgehouden. Om de beurt moest een leerling die een maand in bewaring houden, opgevouwen in een leren etuitje. Wanneer iemand zich niet goed had gedragen, werd er een aantekening gemaakt op de lijst door een streepje te zetten bij de naam van de betrokkene. Bij een aantal streepjes werd er een punt afgetrokken. Je maandelijkse score werd op een kaartje gezet, het bulletin dat aan de ouders werd gestuurd.

Het was een vierjarige opleiding, met circa 72 leerlingen in het internaat. Onder de leerlingen waren ook nonnen in opleiding. Deze jonge vrouwen waren eerst postulant geweest, werden daarna novice en deden vervolgens nog drie keer voor een jaar de tijdelijke geloften. In die laatste periode volgden sommigen van hen ook de kweekopleiding om later voor de klas te kunnen staan.

De kweekschool was heel traditioneel. Er was een vast aantal vakken dat klassikaal werd gedoceerd. De meiden kregen wel onderricht in de verschillende soorten didactiek die door scholen werden gebruikt, zoals jenaplan, dalton en montessori. Pas in de derde klas gingen de leerlingen een middag per week 'stage lopen' op de lagere school van dezelfde nonnen. Ze liepen dan door de tuin van het kloostercomplex langs de grote vijver met eenden en zwanen. In de vierde klas werd het twee middagen stage lopen. Joop rondde de opleiding keurig binnen de tijd af in 1951.

Eerder dat jaar was Brabant nog opgeschrikt door een ernstige pokkenuitbraak in Tilburg. Naar later bleek, de laatste uitbraak in Nederland. In 1928 was de verplichte inenting voor pokken in Nederland afgeschaft. Prompt waren er uitbraken in Rotterdam en Den Haag. Op Koninginnedag 1951 maakte de Hoofdinspecteur van de Volksgezondheid bekend dat de dodelijke zwarte pokken in Tilburg waren aangetroffen. Tilburg ging op slot en de gehele bevolking, toen ruim honderdduizend mensen, werd binnen tien dagen gevaccineerd. Ajax-Willem II werd door de GGD verboden en de jaarlijkse bedevaart naar Berkel-Enschot ging niet door. Mijn moeder herinnert zich dat de meiden van de kweekschool het internaat niet mochten verlaten, zelfs niet met Pinksteren. Verplichte quarantaine, totdat de epidemie achter de rug was.

Tot het einde van de jaren vijftig bleven de zustersscholen maar groeien. Maar de groei van het aantal leerlingen werd niet bijgehouden door de aanwas van het aantal zusters. En dus kwamen er steeds meer leken voor de klas. Dat gebeurde ook in de broederscholen. In de loop van de jaren zestig liepen ook de leerlingenaantallen terug. Met de Mammoetwet uit 1968 viel definitief de bijl.

In de wet was geregeld dat je de onderwijsakte kon behalen vanaf het jaar waarin je negentien werd. Joop was weer te jong toen ze klaar was met de kweekopleiding. Daarom was al besloten dat ze het derde jaar over moest doen. Haar nicht Wiesje, dochter van oom Jan, zat in precies dezelfde situatie. Zij zat op de kweekschool in Breda en zou ook een jaar langer moeten aanblijven omdat ze anders te jong klaar zou zijn met de opleiding. Maar de kweekschool in Breda wist dat je bij het ministerie van Onderwijs ontheffing van de minimumleeftijd kon aanvragen, vanwege het tekort aan onderwijzers in die tijd. Wiesjes vader, oom Jan, schreef mijn moeder een brief om haar op deze mogelijkheid te wijzen. Met deze brief in de hand toog ze naar de directrice, zuster Engelina. Die ging ermee aan de slag. Uiteindelijk kreeg ze 'verlof' uit Den Haag en stond ze al op haar zeventiende voor de klas in Gemert.

Eigenlijk had ze na de kweekschool geschiedenis willen gaan studeren. Ze heeft dat ook nog opgeworpen bij haar moeder maar dat werd direct afgewezen. Ze was nu onderwijzeres en dat was goed genoeg.

Ze had er, toen ze begon aan de kweekschool, wel een beeld bij. Er was geen andere keuze. Alleen zo kon ze doorleren. Het idee voor de klas te staan leek haar wel wat. Onderwijs was bekend terrein. Haar vader en ooms werkten in het onderwijs en dat had meer aanzien dan kantoormeisje of in een winkel staan. Zeker in onze familie.

Dankzij haar vader kwam ze aan haar eerste baan. Aan de Pandelaarschool te Gemert, die als jenaplanschool nog steeds bestaat. Een dag voor het mondeling examen aan de kweekschool – ze was vrij en was thuis bij haar ouders – stond het hoofd van de meisjesafdeling van de Pandelaarschool voor de deur. De juffrouw van klas 3/4 was bevallen en of Joop kon komen. Na haar tweedaagsexamen, stond ze de volgende dag op school, in een combinatieklas.

Tussendoor een vakantie nemen, laat staan een heel tussenjaar, was er absoluut niet bij. Het gezin ging nooit op vakantie. De verste reis was voor een logeerpartij bij de familie in Amsterdam. Mijn grootouders waren wel eens op buitenlandse reis geweest, maar dan altijd zonder de kinderen. Zo waren ze in 1936, in de week van het aftreden van Edward VIII (vanwege Mrs Simpson) in Londen met oom Jan en tante Dymph.

Mijn moeder kreeg in haar eerste jaren voor de klas geen enkele begeleiding. Na de zomervakantie hield ze dezelfde groep leerlingen die inmiddels uit vierde- en vijfdeklassers bestond. Het was veel te veel voor haar. Heel veel voorbereidingswerk, alles was nieuw en vervolgens veel corrigeerwerk.

Ze begon tegelijkertijd ook nog aan een studie hoofdakte op woensdagmiddag, naast veel thuisstudie in de avonduren, aanvankelijk in Veghel. Ze wilde nog steeds verder studeren en dacht nu aan Nederlands. Maar daarvoor was het nodig om eerst de hoofdakte te halen. Met die akte in de hand kon je Nederlands A én B doen, waarna je aan de middelbare school les mocht geven. De hoofdakte halen betekende extra stof op allerlei vakken. Hij viel uiteen in hoofdakte A, Nederlands, geschiedenis en opvoedkunde (pedagogiek en didactiek) en hoofdakte B, aardrijkskunde en natuurkunde.

B kon je meteen doen maar voor A moest je twee jaar voor de klas hebben gestaan. Meisjes deden in die tijd bijna nooit hoofdakte. Het was een kans op salarisverbetering en om schoolhoofd te worden, belangrijk voor hoofdkostwinners. Op jongenskweekscholen werd hoofdakte B soms zelfs geïntegreerd in het laatste jaar. Maar dat gebeurde niet op de meisjeskweekschool. Na twee jaar haalde ze hoofdakte B.

Na een paar jaar aan De Pandelaar overwoog mijn moeder een overstap. Ze wilde graag aan de Sanatoriumschool in Bakel lesgegeven. Daar lagen kinderen met tuberculose die onderwijs moesten krijgen. Maar dat was thuis onbespreekbaar. Ze mocht niet alleen door de bossen tussen Gemert en Bakel fietsen. 'Nou, dan ga ik toch in Bakel wonen?' Dat was al helemaal uit den boze; een jonge vrouw van achttien alleen. Met de woningnood in die tijd, zou ze in de kost moeten gaan, bij een gezin in huis. Maar het mocht niet.

Niet lang daarna stapte Joop toch over van het gewone lager onderwijs naar het buitengewoon lager onderwijs, kortweg het blo. De zusters in Veghel hadden ook een blo-school en Joop had die tijdens haar opleiding bezocht. Het sprak haar meteen aan. De persoonlijke begeleiding van de kinderen, kinderen die achter waren gebleven kon je extra helpen. In die tijd werd gesproken over debielen, imbecielen en idioten. Nu onbegrijpelijk om zo over kinderen te praten, toen waren het gangbare termen. De blo-school waar mijn moeder ging werken, was voor 'debielen': het waren moeilijk lerende kinderen. Nu praten de beleidsmakers over clusters binnen het speciaal onderwijs.

De blo-school was pas een jaar eerder opgericht door de gemeente Gemert en was dus een openbare school. Toen de school ging uitbreiden is Joop zelf op het schoolhoofd, bij hem thuis, afgestapt. Dit schoolhoofd stond in die tijd fulltime voor de klas en ging zelf de lagere scholen in de omgeving af om bij kinderen tests af te nemen. Hij had geen eigen kantoor in het noodgebouwtje waar men in zat. Het was een gemengde school in een tijd dat op 'normale' scholen jongens en meisjes nog gescheiden werden. Na de blo, op veertien jaar, verlieten de kinderen de school en gingen de meeste naar de fabriek. Pas later kwam er een vervolgschool om de leerlingen twee jaar langer beroepsvaardigheden te geven.

Ze gaf lang les aan de eerste klas en later nog de vierde. Uiteindelijk heeft ze er vijf jaar gewerkt. De foto op de voorkant van dit boek toont haar eerste eerste klas. Ze heeft fijne herinneringen aan de kinderen en de school. In de tijd dat ze daar werkte, werd hij overgenomen door een katholiek schoolbestuur. Om een vaste benoeming te krijgen, moest Joop de hoofdakte halen en een blo-diploma, 'of studerend daarvoor'. De hoofdakte was een schriftelijke cursus van de particuliere opleider Holthuizen-Schelts van Kloosterhuis. Het studeren voor de blo-akte deed ze aan de Leergangen in Tilburg. Het halen van de bevoegdheden was verplicht en daar werd strikt aan vastgehouden. Elk extra diploma leverde wat extra salaris op, en het blo werd beter betaald dan het gewone lager onderwijs.

Elke maand, op de laatste donderdag van de maand, moest de gemeenteraad goedkeuring geven aan de uit te betalen salarissen van het personeel van de gemeentescholen. Op vrijdagochtend toog het schoolhoofd dan naar het gemeentehuis om de loonzakjes op te halen. Vrijdagmiddag 'kwam de zilvervloot binnen', zoals de onderwijzers dat onderling noemden. Mijn moeder moest overigens, tot haar huwelijk jaren later, haar salaris thuis inleveren. Het salaris bedroeg 141 gulden netto per maand. 30 gulden mocht ze zelf houden waarvan ze 20 gulden verplicht moest sparen. Op de dag van haar huwelijk kreeg ze haar ontslag. In 1958 was de wet al enkele jaren gewijzigd maar de katholieke scholen hielden nog vast aan de oude opvatting dat getrouwde vrouwen niet dienden te werken.

Later dat jaar heeft ze nog drie maanden ingevallen in Mierlo aan de jongensschool, vanuit Eindhoven waar ze met mijn vader was gaan wonen. Maar dat was voorlopig het einde van haar onderwijscarrière. Het zou tot 1973 duren, vijftien jaar later, voor ze weer solliciteerde als invalkracht. Ik was toen als jongste van haar vier kinderen ook naar school en het huis was overdag leeg. We waren inmiddels verhuisd van Eindhoven naar een typisch jarenzeventignieuwbouwwijk, De Gentiaan in Son. Op de dag dat mijn vader 25 jaar in het onderwijs werkte, kreeg hij een extra maandsalaris en een vrije dag en gingen we met het gezin met het vliegtuig van Eindhoven naar Schiphol en met de trein terug. Mijn moeder moest vrij vragen voor de drie jongste kinderen die op de Bloktempel in Son zaten. Het schoolhoofd daar vroeg meteen of mijn moeder daar kon komen invallen. De eerste invalbeurt was de vijfde klas, waar mijn zus Irene in zat. Schooldirecteur Miltner hield een oogje in het zeil maar het ging goed. Later begon ze ook in te vallen op andere scholen in Son en Breugel zoals de Vijverberg, de Petrus Canisiusschool en de Stoklandschool.

In de jaren tachtig waren veel jonge onderwijzers werkloos. Zij moesten voorrang krijgen bij invalklussen en daarmee kwam een definitief einde aan haar carrière als basisschooljuf. De onderwijsvernieuwingen moesten toen nog beginnen. Al te veel rechten had je als invaller niet. Je werd per dag benoemd en betaald, later zelfs per uur en het speelkwartier werd van de tijd afgetrokken. De Ziektewet gold niet voor haar. Toen ze werd ontslagen uit het onderwijs in 1958 was haar geadviseerd haar opgebouwde pensioen te laten uitbetalen: 'Je weet nooit of je 65 wordt.' Het schamele bedrag dat ze kreeg werd vervolgens maximaal belast, want opgeteld bij het salaris van haar echtgenoot. Het individualiseren van de belastingaangifte zou pas later volgen. En als invalkracht werd ze jaren later uit het pensioenfonds gezet, als bezuinigingsmaatregel. Ze ontvangt slechts enkele tientjes pensioen per maand.

Kennis overdragen is tot op de dag van vandaag de passie van mijn moeder. Het contact met de kinderen, het liefste individueel zoals op de blo-school, lag haar goed. Na haar tijd als leerkracht is ze nog actiever geworden bij de Heemkundekring van Son en Breugel waar ze veel voor schrijft en regelmatig lezingen verzorgt. Het bloed kruipt waar het niet gaan kan.

Mijn moeder Joop was de oudste dochter van Nelie van den Boom. Nelie had alleen lagere school gehad. Háár moeder, Johanna Hopmans, had de lagere school niet afgemaakt. Joop mocht naar de kweek. Joops oudste dochter, Yvonne Dijsselbloem studeerde fysiotherapie en zou jaren later omscholen naar basisschoolleerkracht en remedial teacher. Yvonnes dochter Iris studeerde aan de Erasmus Universiteit te Rotterdam en promoveert momenteel in Londen, aan de London Business School en de London School of Economics. Het had 150 jaar en vijf generaties vrouwen geduurd om van geen opleiding naar het hoogste opleidingsniveau te gaan.

Vier broers Dijsselbloem
Via de broeders van Maastricht tot basisschooldirecteur en vakdocenten Engels, scheikunde en maatschappijleer

Mijn vader, Em Dijsselbloem, komt niet uit een onderwijsfamilie. Zijn vader, mijn opa, was postbeambte in Helmond. Mijn beide overgrootvaders waren rijksveldwachter en spoorwegarbeider. Toch zouden de kinderen van opa en oma Dijsselbloem alle vijf 'hun boterham met onderwijs smeren.'

De oudste was mijn oom Ad. Hij werd onderwijzer en directeur van een basisschool en trouwde met kleuterleidster Beatriz. Mijn vader werd onderwijzer en later leraar Engels en trouwde met onderwijzeres Joop Visser. De jongere broer, Frans, werd onderwijzer, vormingswerker en ten slotte leraar en trouwde met tante Corrie de Pont, docent op het hbo.

Jongste broer Jacques werd leraar en trouwde met onderwijzeres Thea. De enige zus van mijn vader, tante Annie, trouwde met oom André uit Rotterdam, leraar op een mavo.

Mijn vader en twee van zijn broers zouden alle drie naar de lagere school, het juvenaat en de kweekschool van de broeders van Maastricht gaan. Een geweldige kans op een goede opleiding en om 'hogerop te komen' als onderwijzer of zelfs broederonderwijzer. Thuis hadden ze het niet breed en doorleren was nog nooit in de familie voorgekomen. Opa Dijsselbloem had alleen lagere school en was daarna bij de Posterijen terechtgekomen. Vier zonen werkzaam in het onderwijs, het was meer dan mijn grootouders hadden durven dromen. Een goed salaris, een vaste aanstelling en aanzien, meer kon een mens toch niet wensen?

Er waren meerdere onderwijscongregaties van broeders (of fraters) en zusters in Nederland. Alleen al in Brabant waren honderd katholieke internaten waar ouders veelvuldig hun kinderen heen stuurden.

De broeders van Maastricht, officieel Broeders van de Onbevlekte Ontvangenis van de Heilige Maria, was een kloosterorde die in 1840 werd gesticht door de in Maastricht geboren priester Louis Rutten, die zich sterk betrokken voelde bij de slechte levensomstandigheden van de arbeidersgezinnen in de stad. Maastricht kende veel fabrieken waar, zoals toen overal, kinderarbeid normaal was. Rutten en zijn eerste congregatieoverste Jacques Hoecken (broeder Bernardus) stichtten in de loop der jaren scholen, internaten en kweekscholen maar ook weeshuizen, een school voor schipperskinderen, scholen voor kinderen met een verstandelijke beperking en een instituut voor dove kinderen in Sint-Michielsgestel. Bij de dood van Hoecken telde de orde al 192 broeders op vijftien verschillende plaatsen, waaronder vanaf 1880 in Helmond. Op hun hoogtepunt, in de jaren vijftig hadden de broeders meer dan dertig 'communiteiten' in heel Nederland.

Tot 1880 konden jongens alleen naar openbaar onderwijs in Helmond. Meisjes konden al iets langer naar een katholieke school bij de Zusters van Liefde, een congregatie uit Tilburg, gevestigd op de Markt. In Helmond werd het eerste huis van de broeders van Maastricht, het Ludovicusgesticht, geopend aan de Zuid Koninginnewal, kortweg 'de Wal'. In 1899 moest al een nieuw klooster worden gebouwd voor de Helmondse communiteit, om de hoek in de Molenstraat. Geleidelijk werd ook dit te klein en rond 1923 werd het dak opgetild en werd er een extra verdieping op gezet. Daar woonden de broeders tot 1962, toen ze vertrokken naar een groot nieuw complex aan de Ruusbroeclaan waar de laatsten van hen rond 2000 vertrokken. Op die locatie staan tegenwoordig drie appartementengebouwen met de namen Cloosterstaete, Broederklooster en Cloostertoren.

De broertjes Dijsselbloem gingen naar de Canisiusschool, onderdeel van het kloostercomplex aan de Molenstraat. Oom Ad, de oudste, kwam in 1931 in de eerste klas. Het gezin woonde toen nog aan de Van Liemptstraat 33. Later zouden ze verhuizen naar de Tolpoststraat, later de Pastoor van Leeuwenstraat genoemd, waar ze een vrijstaand huis konden bouwen. Dat eigen huis konden ze bouwen met de erfenis van oma's vader die als rijksveldwachter heel zuinig had geleefd. Die zuinigheid en zo snel mogelijk een koophuis zit diep in de familie verankerd. De Canisius was geen gewone parochieschool maar een school voor kinderen van ouders die vaak zelf al verder hadden geleerd. Dat gold niet voor mijn opa en oma. Maar oma Dijsselbloem wilde gewoon dat haar kinderen verder zouden komen.

In 1937 vertrok haar oudste zoon, mijn oom Ad, als twaalfjarige naar het juvenaat van de broederorde in Zevenaar. Daar hadden de broeders van Maastricht tien jaar eerder een nieuwe school, de St.-Stanislausulo met internaat opgezet waar aspiranten van twaalf tot vijftien jaar hun vooropleiding voor de kweekschool kregen. Na 1920 liep het zo storm met aanmeldingen voor een religieus leven, dat het juvenaat in Maastricht de aanloop niet meer aankon. Het gebouw in Maastricht was berekend op 150 jongens maar eind 1926 waren er 228 leerlingen. De explosieve groei stond niet op zich. Tussen 1900 en 1950 verdubbelde het aantal Nederlanders van 5 naar 10 miljoen. Het aantal katholieken nam verhoudingsgewijs nog sneller toe, van 1,5 miljoen naar 4 miljoen. Een nieuw reservoir, waaruit geput kon worden voor het kloosterleven.

Het enorme gebouw aan de Babberichseweg in Zevenaar was duidelijk gebouwd met een flinke dosis ambitie. De orde zat in de lift. In de 'Voorwaarden voor aanneming' voor Zevenaar staat het als volgt: 'De jongens moeten over voldoende studiecapaciteiten beschikken om niet alleen de ulo-opleiding maar daarna ook de kweekschoolopleiding te kunnen volgen. De leerlingen moeten godsdienstig zijn en eerlijke bedoelingen hebben later lid van de genoemde congregatie te worden.'

Mijn vader had die 'eerlijke bedoeling' misschien wel gehad maar niet volgehouden. Hij volgt zijn broer in 1941 naar het internaat in Zevenaar. Bij zijn inschrijving zit het getuigschrift van de pastoor van de Helmondse parochie waaruit blijkt dat de jongen 'godsdienstig' is. In de handreiking 'Waaraan we ons houden' is de openingsopdracht aan de jongens duidelijk: 'Bid goed – werk hard – heb steeds goede zin!' Er waren veel geboden en verboden. In de slaapzalen op zolder moesten de leerlingen altijd stil zijn en ze mochten onder geen beding in elkaars slaapgelegenheid komen. Ook in de gangen en trappen moest men 'zwijgen in het algemeen'. Rennen in het gebouw was ten strengste verboden. Leerlingen onder de veertien jaar mochten ook niet roken. 'Aan oudere leerlingen wordt af en toe een rokertje verstrekt.' Mijn vader rookte af en toe een pijpje, 'dat hoorde er wel bij'.

Mijn vader was een ambitieuze leerling, op het fanatieke af. Hij werkte hard om de hoogste cijfers te halen. Op het eindrapport van de eerste klas van de ulo staan maar liefst negen negens (waaronder voor Gedrag en Vlijt) en twee tienen, voor Godsdienst en voor Engels. De leerlingen moesten behalve goede punten halen, ook nog letten op bijzondere punten die per jaar verschilden. Gedurende het eerste jaar was het bijvoorbeeld belangrijk in de kapel altijd een eerbiedige houding te tonen en 'meteen te luisteren wanneer er een teken gegeven wordt'. In het tweede jaar moest men zelfbeheersing en voorkomendheid aan tafel tonen. In het derde jaar moest er 's avonds na het avondgebed worden gezwegen en extra animo worden getoond voor sport. Lezen was wel toegestaan maar natuurlijk alleen boeken die voorzien waren van de stempel van de Keurraad voor Roomsche Jeugdlectuur.

De ulo in Zevenaar duurde drie jaar waarna de jongens moesten doorstromen naar de kweekschool in Maastricht, om broeder te worden en de onderwijsakte te halen. Oom Ad begon daar in september 1939 en ging wonen in het kloosterinternaat aan de Tongerseweg 135. Het enorme gebouw, ingewijd in 1909, omvatte een eigen grote kapel, studiezalen, refters, speelzalen, een grote keuken, ziekenzaal en sportvelden. Het is tegenwoordig in gebruik voor studentenhuisvesting. Als de leerling blijk gaf van 'ernstig willen en streven' dan kan hem aan het einde van zijn derde jaar het voorlopig kloosterkleed en de voorlopige kloosternaam worden gegeven. Oom Ad slaagde voor die toets en werd frater, later broeder, Wolfred. Na vier jaar was hij bevoegd als onderwijzer. Daarna werd hij novice onderwijzer, in het noviciaat, gevestigd achter een prachtige poort aan de Brusselsestraat 38, te Maastricht. Het eerste jaar wordt geheel besteed aan geestelijke vorming, studie van Godsdienstleer en Bijbelsche en Kerkelijke geschiedenis. Pas daarna wacht het klaslokaal.

De oorlog gaat aan de kloosters in Zevenaar en Maastricht niet voorbij. Vanaf september 1941 zit ook mijn vader in Zevenaar, in klas 1A bij broeder Paduano. Maar al een jaar later verhuist hij naar Zuid-Limburg om daar de ulo af te maken. Alles is op de bon en de broeders moeten de bonnen voor meel, havermout, griesmeel, rijst en macaroni met de ouders thuis delen. De leerlingen kunnen niet alle verplichte kleding aanschaffen, waarvoor de broeders laten weten begrip te hebben. Treinreizen is onzeker omdat de treinen lang niet altijd gaan. De broeders zijn bezorgd over de roeping van de jongens die door 'de toestanden' aan hele andere dingen denken. 'Toch moeten wij proberen in onze jongenszielen de nodige durf en het heilig enthousiasme voor kloosterroepingen te verwekken!' aldus de overste van het juvenaat St.-Stanislaus in Zevenaar in een brief aan zijn medebroeders.

In september 1942 wordt het juvenaat in Zevenaar, vlak bij de Duitse grens, geconfisqueerd door de Duitsers die er circa vierhonderd soldaten onderbrengen. Alle jongens worden naar huis gestuurd. De achterblijvende broeders bezochten verschillende kastelen in de Achterhoek, op zoek naar alternatieve huisvesting. Maar uiteindelijk werd deze gevonden bij de Broeders van het Heilig Hart in Simpelveld. Deze kloostergemeenschap was nota bene afkomstig uit Duitsland, verdreven in 1873 in de kulturkampf die de IJzeren Kanselier Bismarck voerde tegen katholieke invloed in het grotendeels protestantse Pruisen. Al hun studenten waren opgeroepen voor de dienstplicht in Duitsland en zodoende stond het Damianeum-klooster grotendeels leeg. Doordat er nu Nederlandse leerlingen zouden komen te wonen, mochten de Duitse broeders tot hun opluchting de nazivlag opbergen.

Mijn vader verhuisde na de zomervakantie in Helmond ook van Zevenaar naar Simpelveld, voor zijn tweede ulojaar. Een lange reis met de trein naar Heerlen, dan met de elektrische tram naar De Locht, vervolgens driekwartier lopen door het Limburgse heuvelland naar Simpelveld. De paters van het Heilig Hart zouden tot 1991 in Simpelveld blijven. Nu is er de International Butler Academy gevestigd.

Na afronding van de ulo gaat mijn vader in september 1944 naar de kweekschool. Vier jaar later precies behaalt hij zijn akte van bekwaamheid als onderwijzer. Hij was in 1947 al frater Valerius geworden. Nu trad hij ook toe, zij het voor zeer korte tijd tot het noviciaat, als broederonderwijzer Valerius. Maar uiteindelijk koos mijn vader niet voor het kloosterleven. Het noviciaat vereiste hoge gehoorzaamheid en dat past hem niet. Hij stapte eruit, met de onderwijsakte en ging daarna verder met zijn leven. Zijn broederschap was dus van zeer korte duur.

Zijn eerste aanstelling als onderwijzer volgde in oktober 1948 aan de St.-Trudoschool in Eindhoven, waar hij een jaar bleef. In diezelfde periode ging hij in Roermond op voor het staatsexamen voor hoofdonderwijzer, oftewel de hoofdakte. De hoofdakte B werd behaald in 1949 en de hoofdakte A een jaar daarna. Ondertussen moest mijn vader in dienst.

Die diensttijd werd maar drie maanden, tot november 1949, omdat na het einde van de onafhankelijkheidsoorlog van Indonesië er een golf militairen terugkeerde uit Nederlands-Indië. Alle nieuw aangetreden dienstplichtigen werden per direct naar huis gestuurd om plaats te maken voor gedemobiliseerde troepen.

Mijn vader keert snel terug voor de klas, opnieuw als invalkracht voor de St.-Josephvereniging voor katholiek lager onderwijs in Eindhoven. Eerst ter vervanging van een leraar met ziekteverlof aan de Boschdijkjongensschool en daarna aan de Barrierweg. In september 1951 begint hij dan aan de r.-k. jongensschool aan de Bloemfonteinstraat, waar hij tot september 1954 voor vast zou blijven werken. Begin jaren vijftig werkt hij samen met een collega, Cees van den Donk, aan nieuwe 'methodische leerspelen'. Een moderne leesmethode die door een uitgever op de markt wordt gebracht.

Maar zijn ambitie reikte verder. Hij wilde leraar Engels worden. Bij de bevrijding van Helmond had hij Engelse soldaten leren kennen, slechts enkele jaren ouder dan hijzelf, en met hen adressen uitgewisseld. In 1950 ging hij voor het eerst alleen op de fiets naar Engeland. Hij zocht meerdere soldaten thuis op, verspreid over het hele land. Hij fietste ongeveer 1700 kilometer en zijn liefde voor Engeland zou nooit meer overgaan. In 1951 haalde hij de 'akte van bekwaamheid tot het geven van lager onderwijs in de beginselen van de Engelse taal'. Kortgezegd, de akte Engels lo. En weer twee jaar later haalde hij de akte mo A voor het geven van Engels in het middelbaar onderwijs. In 1958 volgt de laatste stap, de akte B voor de Engelse taal- en letterkunde. Per september 1954 was hij in dienst getreden van het Sint-Joriscollege aan de Elzentlaan in Eindhoven, als docent Engels. Hij was toen net 25.

Het Joris, zoals het in Eindhoven bekendstaat, staat in de wijk Stratum waar mijn broer, zussen en ik ook geboren zijn. De school is onderdeel van Ons Middelbaar Onderwijs (OMO) een grote katholieke scholenvereniging, waarvan het bestuur is gevestigd in Tilburg. OMO bestuurt 34 scholengroepen, lycea en colleges verspreid over heel Brabant.

De neerlandicus en politicus Hendrik Moller heeft rond 1911 het plan om katholieke docenten op te leiden. Hij begint daartoe in Den Bosch een lerarenopleiding, de Katholieke Leergangen. De katholieke middenstandsvereniging neemt daarop het initiatief tot de oprichting van de R.K. Vereeniging Ons Handelsonderwijs in Noord-Brabant. De eerste handelsschool die wordt gesticht is het Mollerlyceum in Bergen op Zoom. Op deze nieuwe school wordt lesgegeven door leken en niet door religieuzen. Dat is nieuw. Vanwege de achterblijvende subsidiëring door het rijk, wordt schoolgeld gevraagd van de leerlingen. Dat is een fors concurrentienadeel ten opzichte van de gratis rijks-hbs in Bergen op Zoom.

Bij de start van een nieuwe school in Helmond in 1917 wordt door de vereniging besloten te verbreden naar algemeen vormend middelbaar onderwijs. De naam wordt dan omgezet naar de vereniging Ons Middelbaar Onderwijs in Noord-Brabant. Ook de school in Bergen op Zoom wordt een r.-k. hbs én hogere handelsschool. In 1924 wordt het Sint-Joriscollege (voor jongens) en het St.-Catharinalyceum (voor meisjes) in Eindhoven geopend in één nieuw schoolgebouw. Pas in 1959 fuseerden de twee scholen, uit geld- en ruimtegebrek, niet als teken van verlichting. Bisschop Mutsaers liet weten dat de jongens en meisjes nog steeds geacht werden niet met elkaar te praten.

Mijn vader draait vanaf 1954 overdag volle roosters aan het Joris en werkt, na het behalen van de B-akte, vanaf 1959 ook 's avonds en op zaterdagmiddag tien jaar lang aan de opleiding van leerkrachten voor het nijverheidsonderwijs aan de Kanaalstraat. Ook wordt hij leraar Engels aan de bijzondere kweekschool, later de pedagogische academie, gevestigd aan Hemelrijken 106, waar hij blijft lesgeven tot 1973. Hij gaf daar de opleiding tot akte Engels lo. Daar kwam vanaf 1963 ook nog de aanstelling bij als docent Engels aan het Eindhovens Avondcollege. In de jaren zeventig werkte hij mee aan Engelse methodes die werden uitgegeven door Van Walraven en door uitgeversgroep Combo. Hij ontwikkelde ook een eigen grammaticamethode uit onvrede over de nieuwe door school aangeschafte lesboeken. En hij heeft jarenlang Engels bijles gegeven aan huis. Hij was altijd bezig. En praatte er thuis nooit over.

Mijn vader zou lesgeven tot eind maart 1984. Hij had toen 36 jaar voor de klas gestaan, beter gezegd voor klassen. Hij werkte lange dagen, vaak zes dagen en avonden per week.

En ineens was het op. In diezelfde periode lag zijn moeder op sterven. Hij vroeg aan de rector een week vrij en deze greep het moment aan om hem naar een medische keuring te sturen. Mijn vader was op dat moment al een van de oudste leraren op zijn school. Veel generatiegenoten waren al 'uitgestroomd' dankzij de vroegpensioenregelingen die er in die tijd waren of werden arbeidsongeschikt verklaard.

Toen hij begon in 1948, negentien jaar oud, had de leraar automatisch gezag en respect en die autoriteit was voldoende om enig rumoer in de klas met een simpele oogopslag te smoren. Tegen de tijd dat hij moest stoppen, 54 jaar oud, was hij al jaren overwerkt en was heel veel tijd en energie kwijt aan orde houden. De stress waarmee hij naar huis kwam, drukte een grote stempel op ons gezin. Jarenlang had hij lichamelijke klachten waar geen medische oorzaken voor konden worden gevonden. In april 1984 werd hij volledig arbeidsongeschikt verklaard, afgekeurd door het Algemeen Burgerlijk Pensioenfonds en per augustus verleende het OMO-schoolbestuur in Tilburg hem formeel ontslag. Hij werd per direct naar huis gestuurd, 'uit hoofde van ziekten of gebreken' en ontving tot zijn pensioen een arbeidsongeschiktheidsuitkering aangevuld met het ABP-invaliditeitspensioen. Het heeft jaren geduurd voordat de zware overspannenheid enigszins was genezen. Pas jaren later ontstond bij ons voor het eerst het idee dat mijn vader al zijn leven lang een stoornis uit het autistisch spectrum had. Maar als dat al zo was, dan bestond die diagnose gedurende zijn jeugd in elk geval niet. Hij bleef ook na zijn vroege pensioen altijd tijdens de schoolvakantieperiodes op vakantie gaan, altijd naar Engeland natuurlijk. Mijn vader overleed in november 2019.

De broertjes Dijsselbloem waren alle vier hun onderwijscarrières begonnen bij de broeders van Maastricht. Twee van hen zouden ook jarenlang zelf broeder worden. In de loop der jaren waren de broeders van Maastricht ook buiten Nederland gaan werken. Al in 1920 vestigden ze zich op Java in Indië. In 1952 vestigden de broeders zich in Chili. Oom Ad en oom Frans zouden daarheen worden uitgezonden.

Oom Ad vertrok als eerste. Direct na de bevrijding kregen heel veel studenten alsnog hun diploma uitgereikt. Zo kreeg Ad in juni 1945 zijn akte van bekwaamheid voor onderwijzer en trad toe tot de congregatie onder de naam broeder Wolfred. In 1948 haalde hij zijn hoofdakte. Zijn eerste aanstelling vanaf mei 1947 was als 'onderwijzer-van-bijstand' ter vervanging van een zieke collega op de St.-Aloysiusschool in Maastricht. Binnen een jaar kreeg hij een vaste aanstelling en hij zou er vier jaar blijven. Daarna vertrok hij naar Amsterdam waar hij twee jaar voor de klas stond aan de Leoschool in de Cornelis Dirkszstraat. Later volgde nog een schooljaar, tot augustus 1954, aan de Franciscusschool aan de Robert Scottstraat, ook in Amsterdam-West. Bij zijn aanstelling in Amsterdam kreeg hij een contract dat begint met: 'De benoemde verbindt zich naar beste vermogen de opvoeding en het onderwijs van de hem toevertrouwde kinderen te behartigen.' Het gaat verder met de vermaning: 'Zijn gedrag zowel in als buiten de school zal waardig zijn.' In zijn jaren in Amsterdam woonde hij in het broederhuis aan de Postjesweg, aan de rand van het Rembrandtpark in De Baarsjes.

In februari 1953 waren er plannen om naar Indonesië te gaan, waar de broeders van Maastricht ook scholen hadden. Oom Ad vraagt alvast een verklaring van goed gedrag aan bij de burgemeester van Amsterdam, 'strekkende deze voor Indonesië'. Maar het gaat niet door. In 1954 krijgt hij opnieuw een verklaring van goed gedrag, deze keer voor Chili. Uiteindelijk vertrekt hij in 1956 naar Chili waar hij elf jaar werkt als onderwijzer en later als hoofd van een school. In de eerste jaren werkte hij aan het Colegio Pío x in Talca, als docent. Daarna volgen drie jaar in de gemeenschap, oftewel de communiteit, van de orde in de hoofdstad Santiago. In totaal bestaat de Nederlandse congregatie van de broeders in Chili dan uit 25 broeders van wie er acht in de communiteit van Santiago wonen. Ook het missiebestuur is in Santiago gevestigd. In de stad Talca, 260 kilometer ten zuiden van Santiago, is nog een gemeenschap van veertien broeders. Hun belangrijkste taak is het geven van onderwijs aan kinderen uit de armere wijken. Het valt niet mee. Taal is natuurlijk een uitdaging en het aantal jongens 'is het dubbele van een normale klas in Nederland'. De school in Santiago bestond uit tien klassen lagere school, en drie klassen Humandades. Na de lagere school konden de jongens doorleren voor een 'technisch baccalaureaat' en bij succes naar de Technische Universiteit. De Humandades was de beroepsopleiding die de jongens afleverde voor de industrie. De school had ook zijn eigen kleermakerij opgezet. In Talca was een vergelijkbare school opgezet, echter ook met een internaat voor twaalf- tot vijftienjarigen.

Het leven in de kleine mannengroep was moeizaam. De overste toonde geen belangstelling voor de andere broeders, was veel weg van huis en viel 's avonds tijdens 'de recreatie' steevast in slaap. 'Het is allemaal zo koud,' schrijft broeder Wolfred aan de overste en broeder-superior in Maastricht. Om sfeer te creëren wordt er gedronken. 'Gevolg is dat ze 'm flink raken. Pater-overste zei laatst: "Ik heb er best wat pesos voor over als ik daarmee bereik dat het gezellig is."' Mijn oom bevalt het allemaal maar matig. Er heerst volgens hem een 'geest van armoede'.

In 1962 keert hij terug naar de school in Talca, nu als hoofd. Hij haalt zijn Chileense onderwijsbevoegdheid die ook verplicht is geworden voor buitenlanders. Ook in Chili blijkt men onderwijsvernieuwingen over de scholen uit te strooien. In 1966 schrijft Ad aan mijn ouders: 'De nieuwe regering van Eduardo Frei is wel actief, dat moet gezegd worden en zo te zien gaat 't uitstekend maar ze eisen zo veel nieuwigheden en bergen papier, dat 't maanden kost om erdoorheen te komen.'

Op de school in Talca werkte ook kleuterjuf Beatriz Martinez Gallans. Zij was de reden dat Ad het klooster en dus de broederschool verliet. De liefde was sterker dan alle geloften. Hij vertrekt uit Talca en werkt nog korte tijd op middelbare scholen in Santiago maar zijn keuze staat vast. Ze trouwen eind 1967 en vertrekken een jaar later naar Nederland. De terugreis verliep per schip van Santiago naar Napels en vervolgens per trein naar Eindhoven. Een reis van 42 dagen. Hij had op dat moment, behalve zijn familie, niets in Nederland. Geen baan, geen huis en zelfs geen Nederlands paspoort meer omdat hij in 1961 de Chileense nationaliteit had aangenomen. En een moeder die zijn huwelijk vanwege het uittreden uit de broederorde zeer betreurde.

Oom André en tante Annie, de enige zus uit het gezin Dijsselbloem, die in Rotterdam woonden, wierpen een reddingsboei uit. Oom André hielp Ad aan een baan op dezelfde school als waar hijzelf lesgaf. Ad en Beatriz konden ook vier weken bij Annie en André inwonen totdat ze een flat kregen in Ommoord. De Nederlandse nationaliteit werd weer verkregen nadat oom Ad een brief aan Soestdijk had gestuurd: 'Majesteit, Ondergetekende vraagt met eerbiedige verontschuldiging aan uwe Majesteit hem zijn Nederlandse nationaliteit weer te geven.' Het verzoek werd bij wet van 25 februari 1970 door koningin Juliana ingewilligd.

Mijn ooms waren gedurende dat eerste jaar collega's aan de ulo, later mavo, De Bergse Plas in Hillegersberg. Daarna kreeg Ad een aanstelling als hoofd van de Elisabethschool aan de Carnissesingel, randje Charlois, waar hij vier jaar bleef. In 1973 werd hij hoofd van een basisschool, de St.-Jozefschool in de Pastoriestraat in Tilburg en verhuisden ze naar Loon op Zand. Op 9 juni 1980 overleed mijn oom Ad aan een acute hartstilstand. Beatriz bleef achter met twee kleine kinderen. Dochter Gabriëlla werkt nu als medewerkster examendienst op het roc van Amsterdam.

Oom Frans, de derde van de vier jongens, werd geboren in 1931. Net als zijn broers ging hij naar de broederschool aan de Molenstraat, en daarna via Zevenaar naar Maastricht. Voor hem was het internaat geen straf, vertelde hij later. Maar hij wist ook dat er broeders 'aan piemeltjes zaten.' In 1951 kreeg hij, bij inschrijving in het noviciaat, de broedernaam Vigor.

Op 15 augustus 1952 legt hij voor de eerste keer 'de tijdelijke gelofte' af waarmee hij formeel tot de orde wordt toegelaten. Hij belooft 'gehoorzaamheid, zuiverheid en armoede.' In 1957 treedt hij definitief toe tot de orde. Er volgt ook nog een gelofte van volharding, waarmee de broeders beloven de congregatie niet te verlaten. In de brief aan 'de zeer eerwaarde Overste' waarin hij verzoekt om definitieve toelating tot de orde schrijft hij: 'Het is me duidelijk geworden wat het kloosterleven inhoudt en wat het van me vraagt.'

Frans werd na het behalen van zijn onderwijsakte in 1952 broederonderwijzer in Den Haag, waar hij aan de Noorderbeekdwarsstraat 202 woonde. In die tijd was hij ook al bezig met kunst, onder andere met fotografie. Begin jaren zestig wordt ook Frans naar Chili uitgezonden om les te gaan geven, aanvankelijk aan de school in Talca waar zijn oudste broer Ad ook werkte. Frans, broeder Vigor dus, liet zich in Chili hernoemen tot broeder Francesco. Over hoe het hem verging in Chili zijn de verhalen wisselend. Hij hield van het land en zijn bewoners. Hij had van tevoren al Spaans geleerd. Maar het lesgeven aan de school ging niet goed. Hij is ook korte tijd terug geweest in Nederland. Maar omdat pa en ma zo trots waren op hun twee zonen die broeder waren geworden, durfde hij niet uit het klooster te treden. Na terugkeer in Chili werd hij vrijgesteld van onderwijstaken en mocht hij sociologie gaan studeren aan de Universiteit van Santiago. Ook daar hadden de broeders een huis waar hij kon wonen. In dezelfde tijd woonden Ad en Beatriz, inmiddels getrouwd, ook in Santiago. Frans deed naast zijn studie 'opendeurenwerk': sociaal werk in buurthuizen in Santiago.

In januari 1967 overleed opa Dijsselbloem. Net in die tijd was Frans thuisgekomen, met ziekteverlof. Hij was overwerkt maar eigenlijk intens ongelukkig met het kloosterleven. In 1970 krijgt hij toestemming om een jaar buiten de religieuze gemeenschap te wonen en te werken. Een periode van 'distantie' die hem in staat moest stellen beslissingen te nemen over de toekomst. In de zomer vindt hij een kamer in Den Bosch en gaat lesgeven op een school in Vught, een zesde klas met 36 meisjes. Maar het bevalt hem helemaal niet. 'Ik vind het verschrikkelijk en het kost me mijn halve leven, dat schooldoen.' Later schrijft hij hier hierover:

'Ik wil het onderwijsgeven goed doen maar het lukt me niet. Ik moet me druk maken over dingen die me te onbelangrijk lijken. Waarom jij wordt met een dt en word jij zonder t!!' Hij twijfelde sterk en heeft heimwee naar Chili.

In het najaar verhuist hij naar de pastorie van Vught, om bij een eenzame pastoor 'tot bezinning te komen'. Hij is daarna niet meer teruggegaan naar Chili.

In mei 1971 accepteert hij een benoeming als vormingsleider te Nijverdal, waar hij ook gaat wonen. Hij gaat cursussen geven aan jongeren tussen de vijftien en zeventien jaar in jongerencentrum Dialoog. En hij gaat sociale pedagogiek in Nijmegen studeren. Maar de Nijverdalse jongeren met wie hij te maken krijgt, lijken vooral geïnteresseerd in bier drinken en Frans houdt het niet vol. 'Ik voel me niet zo gelukkig een soort soosbaas te zijn.' Maar zijn twijfel zat dieper. Hij werd verscheurd tussen zijn loyaliteit aan Chili, waar hij van was gaan houden, en zijn afkeer van de institutionele kerk. Hij voelt zich van wat hij noemt 'de uiterlijke kerk' vervreemd. Hij kon niet kiezen voor het celibataire kloosterleven maar stond ook onder grote druk van thuis. 'En dat betekent dat ik weer niet naar Helmond zal gaan met moppers van mijn moeder, van wie ik niet houden kan. [...] Lichamelijk voel ik me ziek en geestelijk zonder horizon; dood zijn zou me niet kunnen schelen. Het lijkt mislukte boel.' In februari 1972, na anderhalf jaar van bezinning, besluit hij om uit te treden. 'In dit geval kan ik niet anders zeggen dan... in Gods naam.' Hij noemt zelf zijn jaren als broeder, in een van zijn brieven aan de overste in Maastricht, 'een toch wel eerlijke poging'.

In het jaar daarop begint hij, opnieuw als vormingswerker, bij het Streekcentrum Nijmegen. Hij kan een kamer krijgen in het bijna leegstaande klooster van de Augustijnen aan de Graafseweg. Vanaf eind 1972 heeft hij eindelijk een woning voor zichzelf, aan de Weezenhof. Hij krijgt er de taak bij van counselor van jonge mensen die, zoals hij zelf schrijft 'verzuipen in de problemen, drugs gebruiken, spuiten en pillen slikken'.

Op 1 juni 1974 trouwt hij met Corrie de Pont met wie hij eerst enkele jaren had samengewoond. Dat laatste viel niet goed bij oma Dijsselbloem. Maar voor de buitenwereld had ze daar een bezweringsformule voor bedacht: 'ze hebben twee slaapkamers'. Waar geen woord van was gelogen.

Corrie had ook in het vormingswerk gezeten, ze had een jeugdleidersopleiding gedaan midden jaren zestig aan de Kopse Hof maar is in 1968 verder gaan studeren. Zowel Frans als Corrie zetten zich in om jongeren met weinig opleiding en die slecht konden of wilden leren, toch vorming mee te geven. Corrie ging ook op zomerkamp met de jongeren. Soms moest ze dan eerst op huisbezoek om toestemming te krijgen van de ouders. Ze vertelde over een van dergelijke bezoeken. 'Moeder was debiel. Woonde met haar kroost in een piepklein huisje. Met drie papegaaienkooien. Het meisje mocht uiteindelijk wel mee op kamp maar kreeg nog geen schoon ondergoed mee. En werd vervolgens wel ongesteld.'

Corrie noemde zichzelf een echte stapelaar. Ze deed de voortgezette opleiding op de sociale academie in Amsterdam, van 1968 tot 1970, twee dagen in de week. Na haar opleiding is ze gaan lesgeven op de sociale academie in Arnhem, docente theorie en methodes van het sociaal-cultureel werk. Na de fusie, tot wat nu Hogeschool Arnhem-Nijmegen heet, zette ze dat werk voort in Nijmegen. Ze heeft gewerkt tot haar pensioen. Maar ze bleef er altijd bescheiden over. Na het laatste gesprek wat ik samen met mijn moeder met haar had, schreef ze: 'Je ziet dat ik niet zo heel erg veel ervaring heb in het onderwijs.'

Frans is na het vormingswerk in Nijmegen leraar maatschappijleer geworden op de lts in Cuijk, waar hij tot zijn pensioen werkte. Corrie en Frans vormden een hecht stel, jarenlang woonachtig in het oude postkantoor aan de Dorpsstraat in Gassel, aan de Maas. Ze waren mede-initiatiefnemers van een wooncomplex voor ouderen in Boxmeer. Oom Frans overleed in 2005 negen jaar na zijn pensionering. Frans en Corrie kregen geen kinderen.

De jongste van het gezin Dijsselbloem was Jacques, geboren in 1935.

Na de kleuterschool ging ook hij naar de Canisiusschool, net als zijn broers. Maar na de lagere school volgde Jacques niet langer het pad van zijn broers die naar een internaat van de broeders van Maastricht waren gegaan. Jacques ging naar de hbs, het Carolus Borromeus in Helmond. Zijn broer Em, mijn vader, vertelde later dat hij daarvoor gezorgd had. Hij had zelf ook graag naar de hbs gewild. De hbs was een opleiding die veel meer keuzevrijheid bood en meer status had.

De hogere burgerschool hbs was in 1863 geïntroduceerd in het Nederlandse onderwijsbestel door de liberale staatsman Thorbecke in zijn Wet op het middelbaar onderwijs. Naast burgerdag- en burgeravondscholen kwam er ook een driejarige en vijfjarige hbs tot stand. De vijfjarige hbs werd uiteindelijk het meest succesvolle schooltype dat elf vakken omvatte. Het richtte zich duidelijk op de gegoede burgerij en ontwikkelde zich van een school die opleidde voor een leidinggevende functie in het bedrijfsleven tot een voorbereidende school voor het hoger onderwijs. In 1917 werden voor het eerst hbs-leerlingen toegelaten tot enkele universiteiten.

Oom Jacques rondde in 1955 op het St.-Carolus Borromeuscollege de hbs af. Ook voor Jacques werd het onderwijs als een uitstekende kans gezien. Vandaar dat ook hij naar de kweekschool ging, de Bisschoppelijke Kweekschool in Den Bosch, bestierd door de Fraters van Tilburg. Omdat hij hbs had gedaan, begon hij in de derde klas. Hij mocht in het weekend naar huis op de fiets. Er was geen geld voor de trein.

Zijn eerste baan was, net zoals dat voor zijn broers had gegolden, op een school van de broeders van Maastricht. Hij zou vijf jaar op lagere scholen lesgeven in Helmond en Aarle-Rixtel. Net als zijn broer Em studeert hij verder voor de aktes voor voortgezet onderwijs. Onder druk van oma Dijsselbloem kreeg Jacques Engelse les van mijn vader, die inmiddels docent Engels was. Maar hij slaagde niet voor het examen. De exacte vakken lagen hem meer. In 1962 gaat hij, inmiddels getrouwd met Thea, van start als docent natuur- en scheikunde aan de Mariëngaardemulo in Aarle-Rixtel, een meisjesschool. Het schoolhoofd was een non wier controledrift zo sterk was dat ze soms met haar oor tegen de deur luisterde hoe het er in de klassen aan toeging.

Zoals veel van de leraren van die generatie in mijn familie, ging Jacques ook 's avonds lesgeven. Eerst aan de Gemeentelijke Lagere Technische school in Gemert, de school van mijn opa Visser, de vader van mijn moeder. Later aan de landbouwschool in Helmond, aan het avondcollege van het Carolus Borromeus, waar hij zelf op school had gezeten en aan een opleiding voor verpleging van de stichting St.-Jozefsheil. Nadat hij jaren later een beroerte had gehad, is hij zelf nog een halfjaar verzorgd in dezelfde instelling in Bakel.

In 1970 zette hij zijn carrière als docent voort aan de Titus Brandsma-mavo in Eindhoven. Alle leraren hadden ook daar een bijnaam, de zijne was Pietje Plof. De scheikundeproefjes wilden nog wel eens in een knal eindigen.

In 1985 kwam er een grote scholenfusie van vijf scholen onder bestuur van de Stichting Voortgezet Onderwijs Eindhoven, onder een nieuwe naam, het Pentacollege. Alle onderwijsrichtingen werden er bij elkaar gebracht. Oom Jacques moest ineens ook andere vakken gaan geven. Dat waren, naast natuurkunde en scheikunde, Nederlands, biologie en muziek. Inspraak kreeg hij er niet in. Het werk viel hem steeds zwaarder en hij was niet de enige docent die de grote veranderingen zo ervoer. Hij zou het liefst zijn gestopt en kreeg allerlei fysieke klachten. Dit sleepte zich voort tot 1992 toen hij vervroegd met pensioen kon gaan, 57 jaar oud. Hij heeft het drie jaar langer volgehouden in het onderwijs dan zijn broer Em.

Jacques was een onderwijsman in hart en nieren. In heel zijn leven is hij zichzelf verder blijven scholen. Een ongelooflijke lijst aan cursussen, trainingen, diploma's. Van het certificaat basiskadervorming, communicatievaardigheidstraining, cursus publiciteit en omgaan met de media, vergadertechnieken, natuurlijk een typediploma, een applicatiecursus natuur- en scheikunde, en ga zo maar door. Naast al deze cursussen en opleidingen en zijn dubbele banen als docent was hij ook nog een onderwijsbestuurder. Hij heeft in het bestuur van het Strabrechtcollege in Geldrop gezeten. Hij was bestuurslid van het scholenbestuur van basisscholen in Mierlo. Hij was penningmeester van het bestuur van de 'post-actieven' in Gemert, een vereniging van gepensioneerden uit het onderwijsveld waarvoor allerlei activiteiten werden georganiseerd. Ook was hij medeauteur van het boek over honderd jaar Onderwijzersbond in Zuidoost-Brabant, dat in 1997 uitkwam. Hij was altijd actief. Oom Jacques overleed in 2013.

Ook zijn vrouw Thea komt uit een onderwijsfamilie. Thea's vader, Franz Bellen werd geboren in Düsseldorf, waar zijn vader werkte bij de Duitse spoorwegen. Vanwege die baan werd hij vier jaar in Venlo geplaatst. Franz gaat naar de Duitse school, de Kaiserin Victoria Schule in Venlo. Na vier jaar keert het gezin terug naar Duitsland maar Franz blijft in Nederland. Hij rondde de hbs af waarna hij naar de kweekschool in Venlo ging. Na zijn examen in 1922 kreeg hij als achttienjarige een aanstelling als onderwijzer aan de jongensschool in Sevenum. Na zeven jaar met tijdelijke aanstellingen volgde eindelijk een vast contract. De moeder van tante Thea, Annie Vervoort, kwam uit Eijsden onder Maastricht. Van de vier meisjes in het gezin gingen er twee het onderwijs in en twee werden vroedvrouw. Annie en haar zus gingen naar de kweek van de zusters ursulinen in Grubbenvorst. De zusters ursulinen had je in twee soorten. Je had mères en je had soeurs. De mères brachten geld mee en de soeurs waren de werkmieren die het werk mochten doen in het klooster. Annies zus werd lerares Frans en Annie werd onderwijzeres aan de meisjesschool in Sevenum waar ze Franz ontmoette. Op aandringen van Annie werd hij Nederlands staatsburger voor ze trouwden in 1930. Daardoor hoefde hij niet in dienst zoals alle Duitse jongens. Direct na hun trouwen werd Annie ontslagen. Ze heeft nooit meer gewerkt. Franz solliciteerde in 1941 als hoofd van de Gerardus Majellaschool in Maasbree, bij Venlo. Om te worden aangesteld moest ook hij, volgens voorschrift van het Departement van Opvoeding, Wetenschap en Kultuurbescherming, een loyaliteitsverklaring afleggen, '...dat hij zich zal onthouden van elke handeling tegen het Duitse Rijk of de Duitse Wehrmacht'. Franz was zowel in Sevenum als in Maasbree heel actief in de lokale gemeenschap, onder andere in het bestuur van de fanfare en de Vereniging van Boeren en Tuinders. Annie was veel ziek en zou niet oud worden. Ze kreeg twee kinderen, Thea en Frans. Mijn tante Thea zou naar de mulo gaan in Blerick maar het gebouw was kapotgeschoten. Daarom bleef ze een extra jaar op de lagere school, meer opvang dan onderwijs, zoals ze zelf vertelde. Thea wilde eigenlijk niet het onderwijs in, maar liever in de verpleging. Maar vader en moeder dachten daar anders over. Dat was veel te zwaar, dag en nacht werken en Thea was klein en mager. Zoals zoveel vrouwen in die tijd kon ze niet gaan doen wat ze ambieerde. Maar ze bewonderde haar vader, de schooldirecteur, wel. De mulo was een internaat, hoewel slechts 9 kilometer van haar ouderlijk huis. Om de drie maanden mochten de meiden een weekend naar huis. Met carnaval echter zeker niet. Dan moest er een veertigurengebed in de kapel worden gehouden. De laatste maanden dat moeder Annie nog leefde mocht Thea wel elk weekend naar huis.

De zeer godvruchtige meisjes kregen extra aandacht van de zusters in de hoop van hen nonnen te kunnen maken. Op de mulo waren vooral leraressen, van wie sommige non. Er waren ook leraren, onder andere voor gymnastiek, algebra en meetkunde, en de godsdienstleraar die tevens de rector was. In 1949 was Thea klaar met de mulo en ging ze naar de kweekschool. Dat jaar kreeg ze nierbekkenontsteking omdat de nonnen weigerden de verwarming aan te steken tot in november, zelfs wanneer het vroor.

1917 Mijn opa Wim Visser als leerling van de ambachtsschool van Bergen op Zoom, in het midden met beitel en houten hamer.

1942 Mijn opa Wim Visser als leraar bouwkundig tekenen en timmeren op de ambachtsschool van Bergen op Zoom. Na de oorlog leidde hij de nieuwe ambachtsschool van Gemert.

1943 Mijn moeder Jopie Visser op de lagere Gerardus Majellaschool in Bergen op Zoom, staande links met grote witte strik, in de vijfde klas van To van Ginderen (staand rechts).

1953 Oudoom Jan van den Boom achter zijn leerlingen op de Sint-Franciscusschool in Bergen op Zoom.

1954 Mijn vader Em Dijsselbloem, als jonge onderwijzer met de eerste klas van de r.-k. jongensschool aan de Bloemfonteinstraat in Eindhoven.

1955 Mijn moeder Joop Visser met haar eerste eerste klas, op de openbare school voor buitengewoon lager onderwijs te Gemert, later de Petrus Dondersschool. Deze klas siert ook de voorkant van dit boek.

1956 Mijn moeder voor het schoolbord op de blo-Petrus Donders-school van Gemert.

1956 Mijn oom Ad Dijsselbloem, hier als broeder Wolfred, vertrekt voor twaalf jaar naar Chili, waar hij hoofd van de school zal worden in Talca.

1969 Tante Helma Swinkels-Visser en tante Mariëlle Visser leidden samen de Theresiakleuterschool in Gemert.

1970 Oom André Deckers met zijn klas op de Bergse Plas-mavo, in Rotterdam. Oom André, hier met zijn karakteristieke lach, zou veertig jaar lesgeven op de mulo-mavo.

1972 Mijn vader Em Dijsselbloem werd in 1954 docent Engels aan het Sint-Joriscollege te Eindhoven, toen nog aan de Elzentlaan.

1975 Mijn peetoom François Swinkels, docent natuurkunde aan het St.-Carolus Borromeuscollege in Helmond, hier met leerlingen in Parijs. François zou later bijna twintig jaar conrector zijn.

2020 Lotte Verbraak met haar kersverse pabodiploma en haar oma Wiesje, oud-onderwijzeres.

Op de kweek werden ook vakken als didactiek, opvoedkunde en psychologie gegeven. Aparte richtingen als montessori of jenaplan vormden wel hoofdstukken in het lesboek didactiek maar de kweek zelf had geen uitgesproken onderwijsvisie. In 1954, 22 jaar, kwam Thea van de kweekschool en kon meteen aan de slag op dezelfde Heilig Hartschool en zelfs in hetzelfde klaslokaal als waar haar overleden moeder als laatste voor de klas had gestaan. Ze haalde haar motorrijbewijs en kocht een zwaarder type scooter om thuis in Maasbree te kunnen blijven wonen.

Gedurende vier jaar gaf Thea les aan de eerste klas, nu groep drie. Maar ze wilde de wereld in en ging naar... Roermond. Ze ging ook in de kost in Roermond en at elke dag in de stationsrestauratie. De school stond in een achterstandswijk. De omstandigheden waren verre van makkelijk. Er was nauwelijks materiaal om te schrijven. Het waren lange dagen. De eerste klas had veertig jongens, zeker niet de makkelijkste, maar Thea kon ze wel aan. Ze wisten wat ze aan haar hadden. Maar na drie maanden heeft ze toch opgezegd. Opnieuw gesolliciteerd en aangenomen in Helden-Panningen op de Mariaschool, een meisjesschool. Ze kreeg een 5/6-combinatieklas, wat het wel lastiger maakte, maar toch was het een stuk makkelijker vergeleken bij haar vorige aanstelling. Bij haar trouwen met Jacques werd ook Thea ontslagen. Maar eenmaal in Helmond moest ze direct invallen voor een zieke onderwijzeres. Dat mocht dan weer wel. Niet lang daarna kon Jacques aan de slag als leraar natuur- en scheikunde op de mulo in Aarle-Rixtel maar hij had nog drie maanden opzegtermijn. Gedurende die drie maanden heeft Thea toen de vacature op de mulo ingevuld. Elke avond moesten de lessen natuur- en scheikunde worden voorbereid met Jacques omdat het haar vakgebied niet was. In de jaren daarna heeft ze voor de klas gestaan op allerlei basisscholen in Helmond. Tot het laatst toe viel ze in op de Catharinaschool. Daarna was het 'mooi genoeg geweest'. Ze kijkt positief terug op haar onderwijscarrière. Thea is nog altijd volop actief. Een van haar twee kleinkinderen, Tamara Dijsselbloem, is ook het onderwijs in gegaan.

Oom François Swinkels
Van het gymnasium via Nijmegen tot docent natuurkunde en conrector

Als iemand in mijn eigen onderwijsverhaal een heldenrol heeft vervuld dan is het mijn peetoom François. Voor de niet-katholieken onder de lezers, een peetoom is degene die, natuurlijk samen met de peettante, een kind 'ten doop brengt'. En er verder steeds op blijft toezien dat het kind wel een goede katholieke opvoeding krijgt. Dat laatste is niet echt gelukt, maar dat lag niet aan mijn oom.

Oom François, getrouwd met Helma, zus van mijn moeder, was voor bijna al zijn neefjes en nichtjes een boei waaraan we ons, op weg naar het eindexamen, drijvende hielden. Hij gaf ons allemaal bijles wiskunde of natuurkunde, of allebei. Mijn broer, zussen en ik reden jaren achtereen op vrijdagavond met mijn moeder naar Helmond om daar in de studeerkamer van mijn oom te worden ingeleid in de geheimen van de zwaartekracht. Uiteindelijk slaagden we allemaal, wat zonder oom François zeker niet was gelukt. Die kamer stond trouwens vol met zendapparatuur dus je moest niet raar opkijken als er tijdens de bijles ineens contact was met Moskou.

Als kind bezocht oom François de Canisiusschool in Helmond. François was het 'stuudje' thuis. Pa Swinkels kon de rapportcijfers niet veel schelen, mits je voor gedrag en vlijt maar een goed cijfer had. In de zesde klas kwam François bij broeder Angelino. Hij was in die tijd ook misdienaar. Het summum was het mogen dienen tijdens een uitvaart of bruiloft, want dat was tijdens schooltijd. François werd daar vaak voor ingezet door de pastoor. Op een dag ging François naar broeder Angelino om te vragen of hij de volgende dag tijdens school de mis mocht dienen. Nee, zei Angelino. Pas als jij zo goed bent als Bert Kuijpers, dan mag jij dat. Bert was een jaar eerder al van school af. Dat soort dingen hoefde je maar één keer tegen François te zeggen. Vanaf toen was hij de beste van de klas.

Als je verder wilde leren moest je wel van de juiste lagere school komen. Je moest een toelatingsexamen doen om door te mogen leren, per school verschillend. Een situatie waar we nu weer naartoe lijken te gaan. Als je op een goede broederschool had gezeten, kon je het hbs-toelatingsexamen van het St.-Carolus Borromeuscollege wel halen. Daar had de vader van François op gezeten en zou François ook naartoe gaan.

In 1917 werd in Helmond de eerste katholieke hbs, tevens hogere handelsschool, gesticht na een lange en bittere lokale schoolstrijd. Sinds 1866 had Helmond al een rijks-hbs. Het initiatief tot de nieuwe school kwam van deken Rath en een aantal katholieke industriëlen zoals Swinkels, De Wit en Van Thiel. Katholieke ouders werden onder grote druk gezet hun kinderen naar het nieuwe Aloysius te sturen en niet langer naar de neutrale rijks-hbs. In het lokale kerkbericht werd geen ruimte voor twijfel gelaten: 'Het Roomsche onderwijs is een zegen voor de stad. Elke Roomsche vader en moeder is verplicht hiervan gebruik te maken, tenzij hij een zeer gewichtige reden heeft, door den Bisschop goedgekeurd. Deze reden moet zo gewichtig zijn omdat hij zijn kind blootstelt aan vele gevaren. Als ge niet heel zeker weet dat het beslist nodig is voor de toekomst van uw kind moogt ge van neutrale scholen geen gebruik maken.' Het Aloysius groeit snel, inderdaad ten koste van de rijks-hbs en bij de opening van een nieuw monumentaal gebouw in 1925 wordt de naam veranderd in St.-Carolus Borromeuscollege. Vanaf 1944 beschikt de school over een gymnasium waar François in 1954 begon.

François kwam niet uit een onderwijsfamilie. Vader was gemeenteambtenaar; drie jaar hbs en daarna allerlei opleidingen voor gemeenteambtenaren. Moeder had de lagere school en de ulo bij de nonnen gevolgd. Op de middelbare school hielp hij al medeleerlingen met de vakken wiskunde en natuurkunde. Een van de leraren, Piet Cremers, was heel streng. Zo'n leraar wilde François niet zijn. Maar Cremers zei: 'Swinkels, als jij slaagt, dan slaagt iedereen in Nederland.' Dat was een stimulans om zijn ongelijk te bewijzen. Jaren later kwam François als collega naast hem te zitten in de lerarenkamer. Peijnenburg, de leraar natuurkunde, oud-militair, liep altijd kaarsrecht door de school. Die stond voor de klas en kon enorm snel uit zijn hoofd rekenen. Dat kon François slecht velen: hij mocht graag sneller zijn.

François was de eerste in de familie die ging studeren. Zijn vader was er wel trots op. Het werd de universiteit in Nijmegen, de studie wis- en natuurkunde. Hij was met vader naar Groningen geweest en ook Eindhoven was afgevallen. Eindhoven was meer een techniekopleiding en François was meer geïnteresseerd in de theoretische kant. Hij heeft er wel over gedacht het bedrijfsleven in te gaan maar daar had hij geen positief beeld van. De onderlinge concurrentie en competitie sprak hem niet aan.

Als je goed kon leren en je wilde zekerheid, dan was het onderwijs in die tijd een heel aantrekkelijke optie. Tijdens de studie had hij al vakdidactiek gevolgd als keuzevak, een soort zekerheid, iets wat veel academici in opleiding vaak deden. De didactiekdocent zei dat hij het onderwijs in moest, omdat hij het zo goed deed. Tijdens de studie van François overleed zijn vader. Hij moest als oudste veel verantwoordelijkheid dragen. Zo ging hij naar het ouderspreekuur op het Carolus voor zijn zusje Maria. De rector die toen hoorde dat hij wis- en natuurkunde studeerde, zei dat hij hier moest komen werken. François stemde daarmee in, mits de rector een huis voor hem zou regelen. Carolus was een OMO-school. Het curatorium, zeg maar het bestuur, had in Helmond een paar appartementen in beheer die ze aan beginnende docenten konden verhuren. François was in januari 1968 begonnen op school, op 23 juni 1968 afgestudeerd in Nijmegen en in augustus getrouwd. 1968 was ook het jaar van de Mammoetwet. Carolus was daarop vooruitgelopen en had gymnasium, havo en vwo.

Dankzij mijn vader kwam oom François ook terecht in het avondonderwijs.

Dat deed hij naast het dagonderwijs. Alles bij elkaar 36 lesuur per week, voor een jonge leraar een enorme werklast. Mijn vader gaf op de Eindhovense avondschool Engelse les en daar zochten ze een natuurkundedocent. Dus François ging ook daar aan de slag. Zo heeft hij lesgegeven aan een klas met kortverbandvrijwilligers. Dit waren piloten van de luchtmacht die na hun 36ste een middelbareschooldiploma moesten kunnen laten zien om in dienst te mogen blijven. De luchtmacht heeft dit hele contingent op de luchtbasis Welschap bij Eindhoven bij elkaar gebracht en daar naar school gestuurd. De mooiste klas die hij heeft gehad. Zelf was hij eind twintig, veruit de jongste van de klas.

De avondschool kreeg een dependance in Helmond. De rector vroeg of oom François dit wilde opzetten. De nieuwe locatie was opnieuw het Carolus waar François ook overdag lesgaf. Daardoor zat hij eigenlijk al met een poot in de directie. Hij kreeg vervolgens het verzoek om rector te worden van de zelfstandige avondschool. Maar dat heeft hij niet gedaan, omdat hij dan het vak natuur- en wiskunde veel te veel zou missen. Zijn liefde voor het vak is altijd gebleven. Het was een voorrecht dat hij leerlingen ook zelf proefjes kon laten doen om de stof inzichtelijk te maken.

De beslissing om docent te blijven, bleef staan tot 1982. Toen was er een vacature voor een conrector. Er was behoefte aan iemand in de schoolleiding die cijfers en roosters begreep. En dus keek men naar François.

De invoering van de Mammoetwet ging in zijn herinnering heel makkelijk.

Het gymnasium bleef. Hbs werd vwo en havo. Leerlingen die hbs deden mochten die afmaken en werden ook op de oude hbs-manier geëxamineerd. Nieuwe leerlingen gingen naar havo of vwo.

Voor de Mammoetwet had je een externe examencommissie die op de school kwam. Die nam de mondelinge examens af. Alle vakken behalve wiskunde kenden een mondeling examen. Daarnaast had je het schriftelijke staatsexamen.

Het gymnasium was naar het oordeel van François een soort opleiding waar je een intellectueel niveau werd bijgebracht maar erg 'praktisch' was het niet. Het curriculum was nog tamelijk archaïsch. Tot en met de zesde klas kregen alle leerlingen in die tijd maar liefst vijftien uur Latijn en Grieks. Ook de bètaleerlingen kregen nog tot en met de vijfde geschiedenis maar verlieten een jaar later de school zonder dat de wereldoorlogen ooit waren behandeld.

Op het gymnasium bestond geen verplichte boekenlijst. Wel op de hbs.

Het hele beeld dat het onderwijs na de Mammoetwet versloftte, heeft oom François zeker niet. Wat wel veranderde was dat de leraar van zijn almachtige voetstuk af moest komen en dat leerlingen geleidelijk steeds meer zelf een inbreng moesten hebben. Maar dat was meer de tijdgeest en geen rechtstreeks gevolg van de Mammoetwet.

Op de hbs was het gestructureerder, en het curriculum vastgelegd. Op het gymnasium bepaalde de docent wat hij wilde behandelen. Hij stelde straks de vragen in het mondeling examen. Na de Mammoetwet kwam de structuur van de hbs ook naar het gymnasium. Er kwam immers een landelijk centraal schriftelijk eindexamen en dus moest daar het programma op worden afgestemd.

Oom François heeft gedurende drie jaren in de landelijke examencommissie natuurkunde gezeten die het voorstel maakte voor het eindexamen in het daaropvolgende jaar. Daarin zaten drie docenten, die maakten voorstellen voor opgaven die uit-en-te-na werden besproken en beoordeeld. Mensen uit de praktijk maakten dus de vragen. François had per jaar ook vier of vijf hospitanten, veelal studenten uit Eindhoven. Aan het einde van de stageperiode kwam de professor uit Eindhoven zijn studenten in het klaslokaal beoordelen. Het was deze professor die François vroeg om in de examencommissie te komen.

Oom François was op zijn school nauw betrokken bij de invoering van het studiehuis. Het studiehuis was onderdeel van een onderwijsvernieuwing die voluit 'Vernieuwing Tweede Fase voortgezet onderwijs' heette. Ook deze operatie hebben we als Commissie Parlementair Onderzoek Onderwijsvernieuwingen onder de loep genomen. Nadat de onderbouw was aangepakt met de basisvorming, was het begin jaren negentig tijd ook de bovenbouw te herstructureren. De inhoudelijke reden was dat te veel leerlingen in de problemen kwamen na de overgang naar het hoger onderwijs. De analyse daarvan was dat er te veel pretpakketten werden gekozen die kwalitatief niet aansloten bij de vervolgstudies en dat de instromende studenten onvoldoende zelfstandig konden werken, wat in het hoger onderwijs wel werd verwacht. Een analyse die breed werd gedeeld. Uiteindelijk krijgt de Tweede Fase de vorm van vier doorstroomprofielen, een verzwaarde 'studielast' (de duizendurennorm), een andere wijze van examinering (onder andere profielwerkstukken), en een grotere variatie in didactische vormen. Dat laatste klinkt abstract maar feitelijk werd er strak gestuurd op het idee dat leerlingen zelf de verantwoordelijkheid voor hun leerproces moesten gaan dragen. Een idee dat al heel lang door het onderwijs waart en dat de positie van de leraren bepaald niet heeft versterkt, maar dat ook voor veel leerlingen, vanwege het ontbreken van structuur, niet geschikt was.

Leerlingen moesten uiterlijk vanaf 1999 in het zogenaamde studiehuis zelfstandig leren leren. De noodzakelijke aanpassingen van gebouwen en vooral de bijscholing van leraren werd nauwelijks ondersteund vanuit Den Haag. Weer moest de vernieuwing in zeer korte tijd door de scholen worden ingevoerd.

Oom François wilde zich tijdig voorbereiden op de invoering van de Tweede Fase binnen zijn school en bezocht daartoe een symposium over deze onderwijsvernieuwing. Daar hield iemand een verhaal over een halve NC. Dat was nieuw. Een halve NC betekende een halve les waarin de docent Niet Centraal mocht staan. De leerlingen moesten zelf aan de slag en dat sprak aan. Daar wilde 'Carolus' wel iets mee. Maar hoe dit effectief door te voeren? Er werd gekozen voor een ander model. Twee lessen in klassenverband, en een les in studiehuisverband waarbij vakdocenten aanwezig waren en leerlingen vragen konden stellen. Er zijn veel vergaderingen aan besteed, soms met het hele docentenkorps. Aan het einde van de vergadering werd gevraagd 'willen we door op deze weg of hiermee stoppen?' De docenten gaven steeds unaniem aan dat ze erin geloofden. Ze hadden het gevoel dat ze er zelf invloed op hadden. Zo is het studiehuis nooit ervaren als iets wat vanuit Den Haag werd opgelegd. De kans op succes is duidelijk groter wanneer de leraren betrokken zijn, de ruimte krijgen en deze ook nemen. Staatssecretaris Netelenbos kwam op schoolbezoek om te zien hoe men het had aangepakt.

Er werd wel vaak gemopperd over de landelijke eisen die werden gesteld, bijvoorbeeld in eindexamens. Maar niet over het feit dat er centrale eindtermen werden gesteld. De dwingende aard van studieboeken, dwingend in de methode, riep wel vaak weerstand op. Toen de Mammoetwet er pas was, was er een reeks 'systematische natuurkunde'. Geen plaatjes, geen gezever, concreet. Hoe je het wilde brengen, werd aan de docent overgelaten. In latere methodes verdween die ruimte. Er zijn ook de nodige kanttekeningen te maken bij de opleidingen. Er worden onderwerpen aangesneden, waar sommige docenten niets van weten. Steeds meer natuurkundedocenten zijn zijinstromers. De vroegere vooropleiding was academisch of men had de mo-opleiding gedaan. Het ontbreekt daarnaast aan een cultuur van bijscholen. Juist voor natuurkunde moet je regelmatig terug naar school om nieuwe ontwikkelingen bij te houden.

Leerlingen zijn volgens François in al zijn jaren niets veranderd. Leerlingen van nu zijn nog even plezierig als die van toen. In de onderbouw had je altijd leerlingen die het vak zo snel mogelijk wilden laten vallen. In de bovenbouw is de motivatie veel beter. Natuurlijk was er in de jaren zestig iets meer aangeleerd respect maar de verhouding tussen leerling en leraar is niet wezenlijk veranderd, aldus oom François. Om school heen is er wel veel veranderd. Nu hebben heel veel leerlingen bijvoorbeeld een bijbaantje. Ze zijn ook niet echt wijzer.

De rol van de onderwijsinspectie is sterk gewijzigd. In het begin was het erg 'op afstand'. De inspectie kwam wel op school maar ging niet vaak de klaslokalen in. Nu moet je veel meer verantwoording afleggen aan de inspectie. Resultaten, doorstroompercentages et cetera moeten worden vastgelegd en geanalyseerd en het onderwijs gaat zich er ook naar gedragen. Welk instrument je ook inzet, het onderwijs gaat zich er onmiddellijk naar zetten. Als doorstroompercentages belangrijk worden, blijven er onmiddellijk minder leerlingen zitten. De resultaten van het schoolonderzoek mogen niet te veel afwijken van het centraal schriftelijk. Terecht. Wat gebeurt er dan? Docenten gebruiken vervolgens oude eindexamenvragen in het natuurkundeschoolexamen, dat scheelt werk, sluit goed aan, maar heeft natuurlijk als nadeel dat er geen originele inbreng van de docenten of school meer is. En slimme leerlingen kunnen die oude examenvragen op onderwerp vinden op het internet.

Nu zijn er aparte mensen die roosters maken, die het secretariaat van het eindexamen voeren, die de functie van conrector bovenbouw vervullen. In zijn werkende leven deed oom François het allemaal zelf. Naast zijn lestaken. En dan was hij ook altijd alert op het welzijn van leerlingen. Hij was allergisch voor pesten. De rol van ouders? 'Die van ons doet dat niet.' Dat was een reactie die hij kreeg van ouders van een jongen van wie hij zeker wist dat hij een medeleerling aanhoudend pestte. Als ze bij oom François kwamen was het vaak om klachten over vermeende onrechtvaardigheden. Hoe ouders ten opzichte van hun eigen kinderen staan, is wel veranderd. Veeleisender en hogere verwachtingen. Druk uitoefenen bijvoorbeeld om hun kinderen een niveau te laten volgen dat ze beslist niet aankunnen.

Oom François is in 2004, na 37 jaar ziel en zaligheid voor de school en de leerlingen te hebben gegeven, gepensioneerd, maar is daarna nog dertien jaar parttime blijven lesgeven, op meerdere scholen die de vacatures niet vervuld kregen. Tot kort voor zijn overlijden bleef hij bijles geven gewoon omdat hij lesgeven leuk vond. Oom François was een unieke onderwijsman in hart en nieren. Hij heeft nooit spijt gehad en ging 'altijd fluitend naar school'.

Tante Helma en tante Mariëlle
Twee zussen die via de mms kleuterleidster werden

Mijn oom François Swinkels is 'van de koude kant'. Dat wil zeggen aangetrouwd, met tante Helma, een van de zussen van mijn moeder. Mijn moeder had een broer en drie zussen, Leny, Helma en Mariëlle. Van die vier meiden zijn er drie in het onderwijs gaan werken. Broer Jacques was jarenlang betrokken bij het leerlingwezen.

Tante Helma ging naar de lagere school in Gemert, de Nazarethschool. Een meisjesschool bij de nonnen. Het waren zusters franciscanessen van Oirschot. Deze nonnen mochten nooit naar buiten. Zij die voor de klas stonden hadden nog wel wat vrijheid, de overige zaten letterlijk achter de tralies. Zo werden mijn opa en oma ontvangen door een non achter een traliehek toen ze vlak na de oorlog Helma en Leny kwamen opgeven voor de school. Na de zesde klas adviseerden de nonnen dat ze naar de mulo zou gaan. Vooral je sociale afkomst bepaalde waar je naartoe mocht. Maar opa en oma bepaalden dat het de mms werd, de middelbare meisjesschool, die meer status en een hoger niveau had, tussen hbs en mulo in.

Deze mms 'Maria Goretti' was in 1946 opgericht als meisjesafdeling van het St.-Carolus Borromeuscollege in Helmond. Met de Mammoetwet van 1968 zou ook de mms verdwijnen. De laatste lichting deed in 1970 eindexamen. Het beeld van de heilige Maria Goretti, die liever stierf dan toe te geven aan haar aanrander, werd door de leerlingen symbolisch ten grave gedragen...

Maar Helma moest er eerst toelatingsexamen doen, waarvoor ze slaagde. Ze is, toen ze zeventien was, overgestapt naar de kweekschool voor meisjes, Cor Jesu genaamd, in Eindhoven. Zelf wilde ze liever kleuterleidster worden maar dat had toentertijd geen hoog aanzien. Oma Visser vond de kweekschool daarom een betere keuze. Doordeweeks woonde Helma bij mijn moeder, Joop, die na haar huwelijk daar was gaan wonen. Maar ze had het niet naar haar zin. Een nare tijd. Altijd die angst om de beurt te krijgen. Joop gaf haar bijles waardoor ze toch over kon naar de tweede klas. Maar enkele maanden later is ze alsnog de kleuteropleiding gaan volgen. Het was een aparte opleiding voor kleuterleidsters 'Regina Mundi', aan de Kloosterdreef in Eindhoven. Ze ging elke dag met de bus heen en weer vanuit Gemert. Het was een tweejarige opleiding die ze met veel meer plezier heeft gedaan. Maar de angst om de beurt te krijgen bleef. Na de opleiding werd ze kleuterleidster aan de Theresiakleuterschool aan de Pandelaar in Gemert. Met veel kinderen van boerderijen uit het buitengebied. Daar heeft ze vijf jaar gewerkt, tot haar trouwen met François. Ze had veertig kinderen in de klas en verdiende 271 gulden per maand, die ze ook nog eens moest inleveren bij oma, haar moeder. Binnen een halfjaar nadat ze vanwege het trouwen was ontslagen, kwam de pastoor, in zijn hoedanigheid van voorzitter van het schoolbestuur, langs om te vragen of ze weer kon invallen op dezelfde kleuterschool. Dat heeft ze nog een jaar gedaan waarvan driekwart als interim-hoofd. In die tijd werkte ook mijn tante Mariëlle op de Theresiaschool. De twee zussen runden samen de school.

Helma is, toen de kinderen werden geboren, er zes jaar helemaal uit geweest en heeft daarna weer regelmatig als invalkracht gewerkt op een kleuterschool in Helmond waar ze woonden. Ze heeft de samenvoeging van de lagere school en de kleuterschool tot de basisschool, in de Wet op het basisonderwijs van 1985, niet meer meegemaakt.

Tante Mariëlle, mijn peettante, volgde het voorbeeld van zus Helma en zou in het kleuteronderwijs aan de slag gaan. Mariëlle was de jongste van het gezin. In het laatste jaar van de lagere school, de Nazarethschool in Gemert, kreeg Mariëlle met nog drie andere meisjes extra bijles om toelatingsexamen te kunnen doen voor de mms. Ze wilde namelijk juf worden, dat wist ze zeker. De rest van de klas ging naar de mulo of de huishoudschool.

Mariëlle begon in 1961 op de mms. Weer alleen meisjes. Jongens kwamen ze alleen tegen in de gangen. Zoals François die toen al in de zesde van het gymnasium zat en steevast Mariëlle vroeg de groetjes te doen aan haar zus Helma, zijn verkering. Mariëlle heeft er verder geen goede herinneringen aan. De leraren en lessen waren saai, de stadse meisjes keken neer op de meiden die uit de dorpen kwamen. Door zus Helma kwam Mariëlle in aanraking met het kleuteronderwijs en dat leek haar wel wat. Ook zij stapte over naar de opleidingsschool voor kleuterleidsters. De school was voor haar een verademing: leuke leraren en vakgerichte lessen. Ze liep al snel twee dagen per week stage op een kleuterschool. In het tweede jaar gebeurde dat bij haar zus Helma op de Theresiaschool in Gemert. In 1967 slaagde Mariëlle voor kleuterleidster akte A en kreeg haar eerste baan aan de Bernadetteschool in Aarle-Rixtel, Een school behorend bij een nonnenklooster. Het eerste salaris was 373 gulden, 'dat ben ik nooit vergeten'. Het werd contant overhandigd door een non.

De voorkeur van Mariëlle ging uit naar de kleinste kleuters. En die kreeg ze. Maar liefst veertig kinderen van vier jaar. En op woensdagmiddag en -avond ging ze terug naar school om de akte B te halen. Daarmee kon je hoofdleidster worden. Zelf ambieerde ze dat, pas achttien jaar, op dat moment niet maar haar ouders wezen erop dat je ook meer verdiende met een akte B, ook als je geen leidster wordt.

In 1968, Mariëlle had net haar akte B gehaald, trouwde

haar zus Helma, die daarop het onderwijs verliet. Mariëlle kon haar baan op de Theresiaschool overnemen. Een schooltje met drie klassen en fijne collega's. Helma kwam nog wel eens invallen. Toen de hoofdleidster vertrok, werd ze gevraagd die rol over te nemen. Dat wilde ze tijdelijk wel doen. Helaas werd als nieuw hoofd toen een non uit het klooster aangesteld. In 1976 verliet ze het onderwijs om alle aandacht aan haar drie kinderen te geven. 'Nu geniet ik van mijn pensioen; elke maand 97 euro en 50 cent.'

Oom Jacques
Jaren inzet voor leerlingwezen en praktijkopleidingen

Mijn moeders jongere broer Jacques zou in zijn carrière actief worden in de wereld van de bedrijfsscholen en bedrijfsopleidingen. Hij was na zijn opleiding ulo en mts-elektrotechniek verdergegaan op de sociale academie, om zich te richten op personeelswerk. Daarna heeft hij nog een halverwege afgebroken universitaire rechtenstudie gedaan. Jacques was jarenlang hoofd personeel en organisatie van wegenbouwer Van Lee in Veghel. Vanuit die functie kwamen er regelmatig consulenten bij hem om leerlingen te plaatsen en een van hen vroeg of hij 's avonds les wilde geven.

Zo kwam hij in 1974 terecht in het avondvolwassenenonderwijs van de sectorschool van de weg- en waterbouw in Zuid-Nederland, de Stichting Beroepsopleiding Weg- en Waterbouw (SBW). De SBW verzorgde zowel het leerlingwezen, voor jongens die nog een dag in de week onderwijs moesten volgen, als opleidingen voor volwassenen. Vier jaar lang gaf hij verschillende vakken in de opleiding tot uitvoerder: wis- en natuurkunde maar ook de vakken administratie en sociale wetgeving en recht. Hij deed het met veel plezier en zijn vader, mijn opa Visser, was er trots op. Na vier jaar stopte hij alweer met lesgeven omdat hij was gevraagd voor het (paritaire) bestuur van de SBW, waar hij namens de werkgevers zestien jaar deel van uit zou maken. Vanuit de SBW is hij ook jaren voorzitter geweest van de regionale opleidingscommissie Zuidoost van de SBW. Deze had consulenten in dienst die de jongeren probeerden te interesseren voor werken in de weg- en waterbouw en werkgevers benaderden voor opleidingsplekken. Later werden speciale stichtingen opgezet, de Stichtingen Praktijkopleidingen Grond-, Weg- en Waterbouw (SPG), die de jongeren in dienst namen en van daaruit plaatsten bij de deelnemende bedrijven. Als het bedrijf te weinig werk had bleven de jongens in dienst van de SPG. De Stichting Vakopleiding Bouwbedrijven deed hetzelfde voor de bouw. Later zijn deze gefuseerd. De functie van de praktijk- en vakopleidingen bouw en infra wordt nu vervuld door 'Bouwmensen', in heel Nederland. In totaal zijn er tegenwoordig in Nederland 148 bedrijfsscholen die opleiden tot een erkend mbo-diploma, waarvan meer dan de helft in de bouw en de techniek. Het is een van de best bewaarde geheimen van het Nederlandse onderwijs.

Oom André Deckers uit Rotterdam
Een leven lang geschiedenisleraar op de mulo-mavo

Mijn oom André vertegenwoordigt de Rotterdamse tak van de familie. Recht voor zijn raap, belezen, een hart van goud. Zijn vader was kleermaker, net als zijn opa, en zijn moeder was huisvrouw. De andere opa had een café. Grootvader van vaders kant kwam uit Helvoirt en ging als wees naar Rotterdam. Hij heette ook André Deckers en stierf 4 mei 1945.

André ging in 1937 voor het eerst naar de lagere school, de Engelbewaarderschool bij de nonnen maar moest in de derde klas toch naar de jongensschool van de St.-Jozefkerk, op de hoek van de West-Kruiskade en de Sint-Mariastraat. Er zaten veertig à vijftig kinderen in de klas. 'Over het bolletje aaien van het kind deden ze niet.' Persoonlijke zorg voor kinderen, daar was geen tijd voor. De onderwijzers hadden allemaal bijnamen zoals Joepie de bovenmeester, Lange Jaap en Kraak met een groot litteken op zijn wang. De echte namen weet André niet meer.

Na de jongensschool ging hij in 1943 als twaalfjarige naar de mulo. Er was tot dat jaar nog geen onderwijsplicht na de lagere school. Sommige jongens gingen na de lagere school direct naar een baas. Een deel ging naar de ambachtsschool, een klein aantal naar de rijks-hbs.

De mulo was ook in Rotterdam-West, in de Oostervantstraat, een zijstraat van de Henegouwerlaan. Ouders kwamen niet op school, het tienminutengesprek bestond nog niet. De leraar Duits sprak Duits vanaf les één: 'Zum ersten mal in die Schule.' Het werd erin gestampt. Na vier jaar op mulo zei zijn vader: 'Je kunt bij mij komen werken op de werkplaats.' Maar na een paar jaar had hij daar geen zin meer in. Er was in die tijd een gebrek aan leerkrachten en die kans greep André. Hij volgde een driejarige avondopleiding voor onderwijzers.

Rond 1951 was hij er mee klaar. Tijdens de opleiding ging je direct elke zaterdag voor de klas, want op zaterdag was er immers gewoon school. Daarna kon hij aan het werk in Overschie. De oude dorpsschool was gesloten maar het katholieke schoolbestuur had het gebouw heropend omdat het ruimtegebrek had. De geboortegolf zorgde overal voor bomvolle scholen. André kreeg een van de twee klassen, met meteen 45 leerlingen. Het was een armoedige boel. Het gebouw werd gestookt met kolenkachels. Sommige boekjes waren uit 1910. Leesplankjes van Hoogeveen, bekend van 'aap, noot, mies', nog ouder. De eerste twee jaar als onderwijzer bracht hij zo door, totdat een nieuw gebouw werd neergezet.

Nog weer een jaar later ging hij werken aan de mulo, aan de Stationssingel, net ten noorden van het centraal station. André gaf daar geschiedenis, en soms ook aardrijkskunde, zonder daarvoor een speciale opleiding te hebben gevolgd. Hij was bevoegd op basis van de hoofdakte (A en B) waarvoor hij in de avonduren had gestudeerd. Voor het staatsexamen moest hij naar Den Haag. André had in 1959 opa Dijsselbloem om de hand van zijn dochter Annie gevraagd. Deze stelde één voorwaarde aan het huwelijk: André moest eerst de hoofdakte halen, zodat hij meer zou verdienen. Later zou André nog de akte halen voor handel, waaronder boekhouden en bedrijfsrekenen. Hij volgde daarvoor 's avonds lessen op de hbs maar het was muloniveau.

In 1968 volgde de Mammoetwet met grote veranderingen. Op de mulo kon je A of B doen, B had meer wiskunde. De kinderen kregen wel alle talen. Maar liefst vijftien vakken. Toen kwam de mavo in plaats van de mulo, met keuzevakken waarbij je in zes vakken examen moest doen. De vakleerkrachten waren daar niet op toegespitst. Voor Nederlands maakte het niets uit. Maar voor aardrijkskunde en geschiedenis moest je een nieuwe bevoegdheid halen. De hoofdakte was niet genoeg meer. André ging gedurende twee jaar eens per week naar de Universiteit van Amsterdam, om die bevoegdheid te halen. Hij kreeg les van de historicus en kenner van de arbeidersbeweging Ger Harmsen, toen werkzaam aan het Documentatiecentrum voor Nieuwste Geschiedenis (DNG). Op verzoek van het ministerie bood het DNG een aanvullende cursus geschiedenis voor mulodocenten die het vak op de mavo gingen geven. Voor deze cursus schreef Harmsen een theoretische inleiding en liet die in gestencilde vorm ronddelen. Later werd dit zijn bekende en veelgebruikte boek *Inleiding tot de Geschiedenis*.

Voor het eerst kwam André buiten de katholieke zuil. Harmsen was daar duidelijk over: 'Ik kan in de geschiedenis met de Goddelijke voorzienigheid niets beginnen.' Later zou André nog twee jaar studeren om ook de bevoegdheid aardrijkskunde te halen. Gedurende deze opleidingsjaren gaf hij gewoon les aan de mavo. In 1972 vond het eerste examen onder de nieuwe Mammoetwet plaats. Het mulo-examen vond altijd op één moment plaats. Eerst schriftelijk en daarna mondeling. Het was een staatsexamen en werd centraal afgenomen. Door andere leraren dan je eigen leraren. 'Je keek je eigen werk niet na.' Het mavo-examen daarentegen had drie toetsperiodes die meetelden voor het eindexamen. De leraren keken het zelf na. André vond dat een achteruitgang; zodra er een relatie in sluipt, wordt je oordeel beïnvloed. Maar hij keek ook altijd in redelijkheid of de leerling zijn best had gedaan en kon dan een tiende punt extra geven ter motivatie.

Oom André liet de leerlingen dan werkstukken maken en presenteren.

De presentatie werd gehouden in de Laurenskerk, hartje

Rotterdam, in aanwezigheid van trotse ouders. André deed ook vier excursies per jaar, voor elke klas één. Voor de eerste klas was er het Oudheidkundig museum in Leiden. Het begin van de geschiedenis. In de tweede gingen ze naar Delft naar het Prinsenhof, het kogelgat bekijken. Daarna naar het graf van Piet Hein in de oude Jan. Oom André vertelde als volleerd gids hele verhalen aan zijn leerlingen. Dat ging met zo veel hilariteit gepaard dat de Franse en Duitse toeristen vroegen: 'Kunt u dat ook in het Frans vertellen?' In de derde klas gingen ze naar het Binnenhof in Den Haag, Panorama Mesdag en het Vredespaleis. Simpele uitleg van het belang van je stem uitbrengen: je moet belasting betalen, dus je moet ook meebeslissen wat er mee gebeurt. In de vierde naar Amsterdam, naar het Paleis op de Dam en de Beurs van Berlage. Voor veel kinderen uit de Proveniersswijk een wereldreis.

Na een periode van vier jaar aan de mavo De Bergse Plas aan de Johan de Wittlaan, en nog een jaar in Krimpen keerde André weer terug naar de Petrusmavo aan de Stationssingel. In de veertig jaar dat oom André in Rotterdam voor de klas stond, verkleurde de schoolpopulatie. Maar het bleven arbeiderskinderen voor wie school een springplank kon zijn. Wie oom André ook in de klas voor zich had, hij draaide er nooit omheen en bediende zich van Rotterdamse humor. 'Soms moest je surveilleren in het overblijflokaal. Daar had je niet het gezag dat je in je klas had. Je kon geen bevelen geven. Maar er moest wel opgeruimd worden. Een keer weigerde een Marokkaans knulletje. Waarom doe je het niet, vroeg ik. Ik heb het niet gedaan, zei de jongen. Weet je wat het is met jullie Turken, jullie vinden dat het vrouwenwerk is. Alle meiden gillen. Wie van jullie jongens is het daarmee eens. Niemand. Hij ontdaan, ik ben geen Turk ik ben een

Marokkaan. O, dus dat is de reden...' Oom André kan smaakvol vertellen over de dingen die hij meemaakte op school. 'Een vader dacht een keer slim te zijn en verkocht de boeken van zijn dochter, die van het boekenfonds van de school waren. Het meisje kreeg vervolgens haar cijfers niet terug en wist dus niet of ze geslaagd was. Eerst je boeken inleveren. Ja maar die heb ik niet meer. Ja, jammer dan. Dan moet je de nieuwprijs betalen. Ja maar het waren oude boeken. Ja, dan moet je die inleveren. Uiteindelijk kwam vader de prijs betalen.'

In de jaren zeventig kwamen er geleidelijk steeds minder katholieke kinderen en werd de populatie gemêleerd. Er was toen nog een moderator op school. Een pater Dominicanen. Simonis was bisschop geworden. Er moesten weer schoolmissen worden gehouden. Ook veel leraren waren al niet-katholieken. Het leerlingenkoor kreeg na een uitvoering eens applaus maar dat kon de pater niet hebben. Dat was voor André het moment waarop duidelijk werd dat de leerlingpopulatie niet meer aansloot bij de traditionele school.

Aanvankelijk woonden de migranten tussen de Nederlanders in. Ze deelden een portaal. De kinderen leerden van jongs af aan, op straat, Nederlands. En niet alleen de taal maar ook de gebruiken, omgangsvormen en vrijheden. Ook de meisjes spraken al goed Nederlands als ze op school kwamen. Ze droegen geen hoofddoekjes. De 'eigen omgeving' nam in de loop van de tijd in kracht toe. Mengen werd steeds moeilijker. Op school werden vanaf die tijd wanhopige pogingen gedaan om integratie te bevorderen. De migrantenkinderen moesten daartoe anders worden benaderd, iets wat oom André niet kon geven. Hij had eens een gesprek met een maatschappelijk werkster vanuit de gemeente die hem vroeg: 'Stel een vader legt uit dat hij het leven van zijn dochter wil beheersen tot en met uithuwelijken. Hoe ga je daarmee om?' Oom André zei: 'Ik begin er niet aan. Ik ga dat gesprek niet aan. Ik ben leraar, ik praat met ouders over schoolprestaties. Dat is mijn vak.'

'Ik was altijd vrij vroeg op school. Liep de gang in. Staat een collega van me met een Turkse jongen, zijn vader en moeder en een stel zussen. Zwaar in de hoofddoek. Vader stond de collega aardig uit te schelden. Buiten stond al een massa kinderen die naar binnen wilde.' Oom André liep erop af op een moment dat de vader even adem moest halen en vroeg aan zijn vrouw: 'Doet-ie altijd zo?' Daarop droop de vader af.

Ondertussen veranderde ook de rol van de leraar. André was echt een vakdocent. Hij wilde bezig zijn met het overdragen van de stof. Daar zat zijn passie. Maar steeds meer tijd moest worden besteed aan persoonlijke begeleiding van de kinderen en aan sociale vaardigheid, waarvan ook verslag moest worden gelegd. André zegt daarover dat hij blij is dat hij dat niet meer hoeft. Hij is daar ook niet voor opgeleid. Daar kwam je niet voor. Je kwam voor het vak. Daar ging alle tijd in zitten. Als een leerling zich misdroeg, ging hij eruit. Als hij zich voortdurend misdroeg, kwam hij er ook niet meer in. Wat er met die leerling gebeurde, beschouwde oom André niet als zijn zorg. Hij kon niet toestaan dat de les steeds weer werd verstoord.

'Je moet het zien als een treinconducteur. Deze trein gaat naar Amsterdam, wie er ook in zit.' De relatie van leraar tot leerling is in al die jaren niet wezenlijk veranderd, volgens André. Zeker bij geschiedenis moet je ze boeien en vasthouden. 'Als je niks te vertellen hebt, dan gebeurt er niks. Je moet ze meenemen en geen afwijking van de hoofdroute toestaan. Je aanzien als docent hangt sterk samen met wat je kan brengen.' En gerommel met het niveau verdroeg hij slecht. Een meisje werd, nadat het een aantal keer was blijven zitten, toch naar de eindexamenklas toegelaten. Oom André verzette zich daartegen. Ze kon het niveau niet aan. Het moest toch van de schoolleiding. Uiteindelijk haalden ze een hele reeks tweeën, een vernedering voor haar die we hadden moeten voorkomen. De opvattingen over de rol van de vakdocent veranderde razendsnel om hem heen. Een bezoekend onderwijsinspecteur, die achter in de klas zat, zei na afloop van de les eens: 'U geeft wel erg frontaal les.' Tja, zei oom André, ik kan niet anders.

Maar zijn betrokkenheid bij de Provenierswijkleerlingen, in die tijd al in meerderheid migrantenkinderen, was groot. Elke dag deden zich weer nieuwe problemen voor. Er was eens een meisje in de derde klas, het was mei, ze had net haar vakkenpakket gekozen. Ze wist wat voor school ze na de mavo wilde doen. Oom André had haar als decaan geholpen met haar vakkenkeuze. En ineens was ze er niet meer. Oom André ging navraag doen. Ze was uitgehuwelijkt, veertien jaar, aan een oudere kerel in Turkije. In één keer was de toekomst die ze had uitgestippeld, helemaal weg. Je hebt zo'n kind jaren in de klas gehad. Iemand uit de politiek zei eens: 'Ja meneer, dat is nou eenmaal hun cultuur.' Oom André heeft nooit begrepen waarom we niet voor die kinderen opkwamen. Toen een paar jaar later een meisje op een dag ineens niet meer op school kwam, ging oom André na school direct naar haar huis. De bedoeling was dat ze zou worden uitgehuwelijkt maar daar had André niks mee te maken: 'Je moet morgen gewoon op school zijn.' En zo geschiedde. Tot op de dag van vandaag komt

André, voor hen meneer Deckers, dankbare oud-leerlingen tegen.

Oom André heeft zijn hele leven geschiedenis gegeven en altijd op een mavo gewerkt. De Petrusmavo is samengegaan met de Luciamavo en werd de Lucia-Petrusmavo. De school staat nog steeds aan de Spoorsingel nu onder de naam Mavo Centraal. André heeft er lesgegeven tot aan zijn zestigste. Hij had al met vervroegd pensioen kunnen gaan met 55 jaar, maar dat was voor hem nog te vroeg. Vijf jaar later was de tijd gekomen. 'Er moet een bepaalde spanning zijn tussen jou en je leerlingen. Ze komen naar school om twee dingen te doen, iets te leren en om jou te pesten. De kinderen veranderen niet maar jij bent ondertussen een oude man geworden. Je krijgt je beperkingen. Als je links kijkt, moet je ook rechts kunnen kijken. En er moet lol zijn in de klas, dat is gewoon die gein. Als er geen lol meer is in de klas, dan gaat het niet meer.' Tegelijkertijd was hij de laatste jaren van zijn carrière erg teleurgesteld in het management en die collega's die voor zijn gevoel de zaak steeds meer 'lieten lopen'. De discipline ging eruit, de verwachtingen van de leraren ten aanzien van hun leerlingen werden steeds lager en dat vond André onverteerbaar.

Oom André bleef altijd betrokken bij het onderwijs. Hij was jarenlang vrijwilliger bij het Nationaal Onderwijsmuseum, toen gevestigd in de oude gemeentebibliotheek van Rotterdam. En hij heeft nog niet zo lang geleden een boekje gemaakt over de Tweede Wereldoorlog voor dertienjarigen, uitgaande van zijn eigen ervaring als kind in Rotterdam. En daarmee ging hij opnieuw de klas in. Iedere leerling kreeg een exemplaar. Voor in het boekje zetten ze hun naam. Ieder las een stukje en ze luisterden naar elkaar en naar oom André: 'Ik heb de bommen op Rotterdam niet gehoord, zoveel werd er gegild en geschreeuwd in paniek op straat op de 's-Gravendijk.'

De vijftig minuten vlogen om.

De Amsterdamse neven De Kruif
Kruidenierszonen kozen het leraarschap

Uit het gezin van mijn oma Visser, hoewel een slagersfamilie, kwamen veel onderwijzers voort. Zij trouwde zelf met mijn opa die leraar houtbewerking was en later directeur van de ambachtsschool werd. Drie van haar broers, Jan, Nol en René werkten in het onderwijs. Haar oudere zus Jeane trouwde met Theo de Kruif uit Amsterdam en ook hun drie zonen werden leraar. De neven De Kruif zoals ze in de familie werden genoemd.

Jeane en Theo hadden elkaar leren kennen doordat hun (stief)moeders kennissen waren. De vader van Theo was een koperslager uit Woerden die gedurende enkele jaren zijn geluk had beproefd in Bergen op Zoom. Zeven van de acht kinderen in het gezin werden in Bergen op Zoom geboren. Toen de familie terugkeerde naar Woerden, bleef de oudste zoon achter in West-Brabant en werd broeder in Huijbergen. Later zou de familie opnieuw verhuizen, nu naar Amsterdam.

Een paar dagen voor hun bruiloft werd de familie opnieuw getroffen door het noodlot: vader Van den Boom, zelf enkele jaren eerder weduwnaar geworden en hertrouwd, kreeg een hersenbloeding, miste de bruiloft van zijn dochter en overleed enkele dagen later. Jeane vertrok met Theo na het huwelijk naar zijn Amsterdam waar hij filiaalhouder was van een kruidenierszaak op de Ferdinandbolstraat. Later begon hij een eigen zaak op de Haarlemmerdijk, nummer 129. Een oud pand, met hoogteverschillen tussen alle vertrekken. Om de winkel binnen te komen moest je al twee trapjes af. In dit pand zit nu herenkledingzaak Hemsted. Later is de winkel verplaatst, vijf huizen verderop, naar nummer 139.

Tante Jeane, zoals ze voor mijn moeder heette, kreeg vier kinderen. Annie, Wim, Joop, en Huub. Het waren geen gemakkelijke jaren voor het gezin. De woning boven de nieuwe winkel was nog bezet door een huurder en dus kon het gezin daar niet over beschikken. Achter in de winkel werd door mijn opa Wim, zwager van Jeane en Theo, een kantoortje getimmerd waar Jeane en Theo zelf ook gingen slapen. Later sliepen ze in het souterrain. De kinderen konden er echter niet terecht. Zij liepen vanaf toen elke avond naar de tantes. De tantes, dat waren twee vrijgezelle zussen van vader Theo, Anna en Marie, die aan het Sarphatipark woonden. Een uur lopen, dwars door het centrum, van West naar de Pijp.

Annie is altijd thuisgebleven. Zij deed het huishouden terwijl moeder Jeane haar man hielp in de kruidenierszaak. Joop en zijn broers gingen naar de Saint Louis School voor jonge heren, op de Keizersgracht, nummer 89. Joop en Wim liepen elke dag samen. Het was een broederschool, gevestigd in een oud grachtenpand. Als je binnenkwam zat klas 1 links, klas 2 zat meteen rechts. Voor de andere klassen moest je de trap op. Het waren broeders van de orde van Saint Louis uit Oudenbosch. Daarom gingen ook de schoolreisjes naar Oudenbosch. De jongens, alleen de hogere klassen, sliepen dan in het internaat bij het klooster. Uiteraard werd de beroemde Basiliek van Oudenbosch bezocht, een (kleinere) kopie van de Sint-Pieter in Rome. Joop zat tijdens de oorlogsperiode tot 1944 op de lagere school. In de schoolboeken waren op last van de bezetters alle teksten en plaatjes over de Oranjes afgeplakt, maar als je ze tegen het licht hield kon je het toch zien. Aan het einde van de oorlog stonden de jongens met hun neuzen tegen het raam geplakt om de vliegtuigen te zien overvliegen die voedsel gingen droppen boven Schiphol.

Joop herinnert zich ook nog enkele broeders zoals Ignatius en Josephat, maar vooral de sadistische broeder Oskar die de jongens soms met een keu afranselde. Hij is later opgenomen in een psychiatrische inrichting.

Joop, Huub en Wim gingen alle drie het onderwijs in, ondanks de weinig warme herinnering aan de broeders. Als je onderwijzer wordt, heb je geen fantasie om iets anders te bedenken, was in die tijd vaak te horen. Maar dat was hier niet het geval. De motivatie zat dieper. Na de lagere school ging Joop naar de mulo, 'maar dat wilde niet erg'. Er speelde ook veel thuis.

En dus ging Joop bij vader in de zaak werken. Na enige tijd begon hij met de Handelsavondschool, een driejarige opleiding, aan het Raamplein, schuin tegenover het DeLaMar Theater. Daarna volgde de opleiding tot radiotechnicus en ging hij bij Philips in Huizen radarinstallaties bouwen. Tijdens zijn diensttijd kreeg hij een radaropleiding, waarvoor hij drie maanden langer in dienst moest blijven en 's avonds haalde hij een kruideniersvakdiploma. Joop ging op een gegeven moment praten met zijn oom Wim, mijn opa, omdat die ook 'gestapeld' had. Die was positief en stimulerend. Er werd in die tijd heel veel gestapeld om hogerop te komen. Je ging vroeg werken en je ging dan 's avonds doorleren. Na afloop van zijn militaire dienst heeft Joop weer kort in de zaak gestaan maar dat beviel niet meer. Vader Theo was toen al in de tachtig maar wilde zijn winkel niet opgeven. Vader was geen prater. Hij stimuleerde Joop niet maar hield hem ook niet tegen toen hij wilde doorleren. Annie vertelde later dat hij toch wel trots op Joop was. Dus weer terug naar school, nu de avondmulo, A en B. A was de handelskant en B de wiskundekant. Daarna volgde nog hbs wiskunde, een schriftelijke opleiding, waarvoor een certificaat werd verkregen. Eind jaren vijftig trad Joop in dienst van het Nationaal Lucht- en Ruimtevaart Laboratorium waar hij vijf jaar werkte als programmeur, met ponskaarten op een rol voor de eerste computer.

Na vijf jaar wilde Joop wel wat anders. Een collega had het over een lerarenopleiding in Amsterdam. Dat is Joop gaan uitzoeken, hij meldde zich in september toen het schooljaar al was begonnen. Hij mocht toch nog beginnen. De eerste tentamens waren na de kerstvakantie en tegen die tijd had Joop zijn achterstand helemaal ingelopen. De opleiding tot leraar wis- en natuurkunde maakte hij af in 1970. Daarna heeft hij nog een extra wiskundeakte gehaald. Een driejarige opleiding die hij in een jaar afrondde. Dat was de lo-akte om op de mavo les te mogen geven.

Vervolgens moest hij nog een didactisch en pedagogisch getuigschrift halen. Het stond los van de lerarenopleiding. Op die cursus hoorde hij van iemand dat op dat moment een groot tekort bestond aan wis- en natuurkundeleerkrachten. Binnen een week zag Joop een advertentie van de r.-k. Mavo Oost aan de Linnaeushof, oorspronkelijk een zustersschool, maar nu gemengd. De directrice was een non. 'Als de inspecteur het goed vindt mag u komen.' Het getuigschrift, de pedagogische aantekening, moest toen nog gehaald worden. Joop is 25 jaar leraar wis- en natuurkunde geweest op die school. Hij was ook schooldecaan en nog later adjunct-directeur. In 1984 werd er gefuseerd met de huishoudschool, nu zou je zeggen vmbo, waar naast koken en naaldvakken, ook technische vakken werden gegeven. De huishoudschool was onderverdeeld in lhno (lager huishoud- en nijverheidsonderwijs) en leao (lager economisch en administratief onderwijs). Reden van de fusie was het teruglopende aantal leerlingen op de mavo. De mavo had toen een slechte bijklank. Leerlingen gingen liever naar de havo en mocht dat niet lukken dan gingen ze alsnog naar de mavo. Tot de fusie was de mavo een overzichtelijke school 'waar de beslissingen in de lerarenkamer werden genomen.' Na de fusie ontstonden twee bloedgroepen die elkaar probeerden te mijden. Weer enkele jaren later werd de school onderdeel van de scholengemeenschap Watergraafsmeer. De school is nu een vmbo aan de Radioweg, onderdeel van een groot scholenbestuur waar circa achttien scholen onder vallen. Na de fusie werd Joop als 'tweede adjunct' verantwoordelijk voor de mavo. Joop heeft ook nog enkele jaren avondonderwijs mavo gegeven op dezelfde school waar hijzelf de mulo had gevolgd. Minister van Onderwijs Deetman verbood toen dat je twee banen had, want de jongere werkloze leraren moesten een kans krijgen. Joop moest stoppen en dat vond hij heel jammer. Hij vond het volwassenenonderwijs erg leuk.

In zijn onderwijscarrière heeft Joop grote veranderingen meegemaakt. Niet alleen de schaalvergroting richting scholengemeenschappen en daarna bestuurlijke fusies maar het hele stelsel ging meermaals over de kop. Joop begon rond de invoering van de Mammoetwet. Hij maakte daar de laatste klas mulo nog mee. De jongerejaars zaten al in mavoklassen.

Ook de didactiek veranderde radicaal. Op de lagere school in de tweede klas begonnen ze elke ochtend met de tafels en de broeder begeleidde het hoofdrekenen op het harmonium! Snel na zijn start als docent kwam er een nieuwe kijk op wiskunde met nieuwe boekjes en nieuwe methodes. De docenten waren betrokken via de vakvereniging van wiskundedocenten. Joop vond deze vernieuwing zelf wel leuk maar vond het minder geschikt voor de leerlingen. In 1994 ging Joop met de VUT (Vervroegde uittreding). Jaren later kwam eens een oud-leerling thuis bij hem langs, die natuurkunde van Joop had gehad. Begonnen op de mavo en daarna alsmaar gestapeld. Uiteindelijk was deze leerling afgestudeerd bij het CERN, de Europese organisatie voor onderzoek naar elementaire deeltjes, in Zwitserland.

Ook de broers van Joop zouden leraar worden. Huub volgde dezelfde weg als Joop tot het einde van de lagere school. Daarna vertrok hij naar het kleinseminarie van de fraters van Mill Hill in Hoorn. Een vroom katholiek gezin, alle drie de jongens waren misdienaar, en hij dacht als twaalfjarige God te dienen. Waarschijnlijk daartoe aangezet door de kapelaan van de parochiekerk, maar hij wilde ook gewoon het huis uit. Hij sliep tussen vader en moeder in het kantoortje. Maar hij vond het afschuwelijk bij de fraters. Hij kwam er zelf snel achter dat hij geen roeping had. Er werd forse druk uitgeoefend: 'Als je nu weggaat, stel je onze Lieve Heer teleur.' En dus bleef hij. Na vier jaar in Hoorn verhuisde hij naar Haelen in Limburg voor de laatste twee jaar. Maar in zijn vijfde leerjaar hield hij het niet meer vol en is naar huis vertrokken. Hij ging naar het Sint-Ignatiusgymnasium van de Jezuïeten in Amsterdam. De progressieve pater van Kilsdonk was degene die hem opving. Van Kilsdonk was van 1947 tot 1960 leraar theologie op het 'IG'. Hij richtte in 1960 de Amsterdamse Studentenekklesia op, samen met onder anderen Huub Oosterhuis. Hij leidde het studentenpastoraat en was een beroemd man in de progressieve beweging. Van Kilsdonk hielp Huub ook want hij had forse achterstand. De kwaliteit van de scholen van de missieordes en kloosterordes waren lager dan die van de bisschoppelijke scholen. Het 'diploma' dat hem was voorgehouden, zou ook niet door de overheid worden erkend. Daarvoor moest hij staatsexamen doen maar met die achterstand was dat heel lastig. Hij bleef daardoor zitten in de vijfde. Toen overleed ook nog moeder, die hij vanaf zijn twaalfde nauwelijks meer had meegemaakt. Pater van Kilsdonk is de enige die bij hen thuis is geweest toen moeder was overleden. Van Kilsdonk bleef altijd een goede vriend van Huub en zijn vrouw Joke.

Van Kilsdonk was ook degene die hem Shakespeare liet lezen en daardoor is Huub Engels gaan studeren. Mijn opa had de hele serie van romans van Dickens en Huub las die dan als hij in Gemert logeerde. Huub studeerde zeven jaar lang Engels. De normale tijd in die periode. Joke studeerde ondertussen sociale geografie. Ze wilde eigenlijk geschiedenis studeren maar had niet genoeg Latijn gehad op gymnasium bèta om bronnenonderzoek te kunnen doen: een eis in die tijd. Uiteindelijk haalde ze ook haar lesbevoegdheid geschiedenis. Na zes jaar is ze gestopt met haar studie en voor de klas gegaan toen er een groot tekort aan leraren was. De rector van de school van Huub belde op met het verzoek om 'alstublieft' te komen werken op die school en les te geven in de vakken aardrijkskunde en geschiedenis. Daar ontstond de relatie tussen Huub en Joke.

Door het lerarentekort kwamen veel jongeren, net afgestudeerd of zelfs nog onbevoegd voor de klas. Het bordje 'verboden voor onbevoegden' op het schoolplein kreeg een heel andere lading.

Joke werd niet ontslagen toen ze met Huub trouwde maar

ze heeft nooit een vaste aanstelling gekregen. Wanneer ze haar salaris van de bank wilde halen, moest Huub nog elke keer zijn handtekening zetten. Joke heeft dertien jaar lesgegeven. Ze vond het werken met kinderen heerlijk maar het thuis nakijken en voorbereiden vond ze enorm belastend. 'Een ramp.'

Vanaf 1961 stonden Joke en Huub voor de klas. Ze hebben de invoering van de Mammoetwet meegemaakt. Er werd heel veel over gepraat in de lerarenkamer. In Utrecht was een grote demonstratie tegen de Mammoetwet bij de Jaarbeurs. Huub is er zelf ook heen gegaan. Het was maatschappelijk erg onrustig rondom de invoering. Er was weinig steun onder docenten.

Huub was gedurende veertig jaar leraar, maar diep in zijn hart was hij meer een wetenschapper. Hij heeft nog een studie kunstgeschiedenis aan de Vrije Universiteit gedaan. Middeleeuwse handschriften waren zijn passie. Hij deed in Leiden codicologie en hij heeft nog Latijn gestudeerd. Hij zat 's avonds boven nog wel eens een stukje Augustinus in het Latijn te lezen. Hij studeerde tegelijkertijd met zijn zonen. Zij haalden veel vijven en zessen en hun vader haalde altijd achten. Op een dag kwam ook Huub thuis met een vijf. 'Och, pa wat vreselijk, een vijf, hoe kan dat nou toch.' Grote lol. De dag daarna belde iemand van de examencommissie: 'Excuses mijnheer De Kruif, er is een fout gemaakt. U heeft een zeven gehaald.'

Huub schreef ook, onder andere de hertaling van het dagboek van de Amsterdamse broeder Wouter Jacobsz uit de Tachtigjarige Oorlog.

Hij stond veertig jaar aan dezelfde school. Een ouderwetse middelbare school waar de leraren keurig in pak en stropdas moesten verschijnen. Geleidelijk werd dat een coltrui onder het colbert, corduroy, daarna spijkerpak en tuinbroek. Op het laatst was het te zwaar. Hij raakte overspannen en is er een aantal maanden uit geweest. Als leraar Engels had je grote klassen en daarom heel veel correctiewerk. Hij was een echte vakdocent, wilde heel graag kennis overbrengen maar hij vond het allemaal erg achteruitgaan, vooral bijvoorbeeld het spreken en het vertalen. Een behoorlijke brief schrijven was er niet meer bij. De vakdocenten Engels bepaalden zelf in hoge mate wat leerlingen moesten leren en volgens Huub ging de lat daarbij helaas steeds lager. De jongere collega's die in de loop van de tijd erbij kwamen hadden daar ook andere ideeën over. De exameneisen corrigeerden dat niet.

Hij was gepassioneerd en bereidde bijvoorbeeld een project over de Engelse poëzie rond de Eerste Wereldoorlog voor. Maar na het project van een paar maanden kwam steeds vaker de vraag van de leerlingen: 'Meneer, telt dit nu mee voor het examen...?' Hij kon daar steeds slechter tegen. Zijn inzet voor de leerlingen en het onderwijs ging heel ver. Hij heeft een keer doodziek eindexamens af staan nemen. Na afloop fietste hij zelf naar het VUMC waar hij meteen werd opgenomen. Hij bleek wondroos te hebben en moest een week in het ziekenhuis blijven.

De derde van 'de neven De Kruif', Wim, heeft de kweekschool in Beverwijk gedaan. Hij is daar weggegaan en heeft het afgemaakt bij de gemeentelijke kweekschool in Amsterdam. Toen hij klaar was kon hij op een nonnenschool in Nederhorst den Berg lesgeven. Hij is altijd onderwijzer in het basisonderwijs geweest. Na een aantal jaren is hij naar Amstelveen gegaan. Hij was een heel goede leraar, volgens ouders van leerlingen. Hij deed leuke speelse dingen met de kinderen. Hij is op zijn vijftigste van school gegaan, met ziekteverlof vanwege overspannenheid. Het was een tijd dat er veel meer vergaderingen en administratie de school binnenkwamen. Daar voelde Wim helemaal niets voor. 'Waar knopjes aan zaten', daar moest hij niks van weten. Hij was wars van veranderingen of vernieuwingen. Na het onderwijs heeft hij nog jarenlang als vrijwilliger gezwommen met een gehandicapte jongen.

Joan van den Boom, Wiesje en Piet Verbraak

Van kleinseminarie tot mulo-mavo, de kampschool en opleiden voor de zorg

Van de drie kinderen van oudoom Jan gingen er twee, oudste zoon Joan en dochter Wiesje, het onderwijs in. Joan, als oudste geboren in 1931, zat in de zesde klas bij zijn vader. De bedoeling was dat hij na de lagere school, elf jaar oud, naar het kleinseminarie zou gaan. Hij was als kleine jongen tamelijk devoot, met een eigen klein altaartje thuis. Het werd kleinseminarie IJpelaar in Breda, met internaat. Het was tevens een opleiding tot het staatsexamen gymnasium A. Het internaat moest tijdens de oorlog verschillende keren verhuizen omdat de panden werden opgeëist door de Duitsers. Na een paar jaar is Joan toch naar de mulo gegaan en heeft na de oorlog, tegelijkertijd met zijn zusje Wiesje, het mulo-examen gehaald in 1948.

De mulo zat in het gebouw van de Canisius, een lekenschool, oftewel niet van de broeders. Na de mulo gingen broer en zus naar de kweekschool. Voor Joan werd het de bisschoppelijke kweekschool, instituut Saint Louis, Sint-Aloysius in Oudenbosch. Elk bisdom had meerdere kweekscholen gekoppeld aan een kloosterorde.

In 1952 slaagde Joan. Daarna wilde hij opnieuw proberen geestelijke te worden. Hij viel twee jaar in voor de klas, en liet zich ondertussen bijscholen in Latijn en Grieks. Vervolgens meldde hij zich bij het seminarie in Hoeven. Na twee jaar moest hij het weer opgeven. Joan koos definitief voor het onderwijs en ging werken aan de Theresiaschool in Bergen op Zoom.

Ook Joan studeerde vervolgens gewoon verder, zoals zijn vader had gedaan. Eerst haalde hij de hoofdakte, wat een beter salaris gaf. Daarnaast heeft hij geschiedenis gestudeerd en zijn lo-akte gehaald. Ook voor Frans haalde hij zijn lo-akte. Lo stond voor lager onderwijs, maar flinke delen van wat we nu voortgezet onderwijs noemen, vielen toen ook onder lager onderwijs. De lageronderwijsakte gaf bevoegdheid om les te geven voor ulo/mulo, ambachtsschool, en de opvolgers van die schooltypen. Het was een zogenaamde derdegraads bevoegdheid. Daarnaast haalde hij mo-akte A en B Nederlands aan de hogeschool Katholieke Leergangen in Tilburg. Mo A was de tweede graad en gaf bevoegdheid tot de onderbouw havo/vwo en het gehele mbo. Het mo B was de eerste graad en gaf bevoegdheid voor lesgeven in het gehele voortgezet onderwijs en het hbo.

Met al deze diploma's op zak werd hij leraar Nederlands, Frans en geschiedenis aan de mulo, later de Johan Bergman-mavo genaamd, in Roosendaal. Hij heeft daar gewerkt tot zijn pensioen, in 1988. Hij maakte toen gebruik van de zogenaamde DOP-regeling. DOP stond voor Doorstroming Onderwijs Personeel. Doorstroming om ruimte te maken voor jongere leraren die in die tijd massaal werkloos waren.

Na zijn pensionering heeft hij zich tot het laatst toe ingezet voor onderwijs in de Nederlandse taal voor migranten. Hij was een gepassioneerd onderwijsman. Joan werd 63 jaar.

Zijn zus Wiesje, geboren in 1934, nam ook het onderwijsstokje van haar vader over en gaf het vervolgens weer door. Wiesje had op een montessorikleuterschool gezeten, daarna de lagere school Sint-Antonius en vervolgens ook de mulo bij Sint-Antonius, in hetzelfde gebouw. Al in 1952 stond ze voor de klas als invalster in Wouw. Daarna aan de slag bij de Heilig Hartschool voor meisjes (bij de 'zusters van Jezus, Maria, Jozef'), in Hoogerheide bij Woensdrecht. En ondertussen maar doorleren. Wiesje wilde de hoofdakte halen. Mannen haalden veelal een hoofdakte, vrouwen zelden. Van de klas van Wiesje was er één ander meisje dat verder leerde. Wiesje haalde ook nog de blo-akte, voor buitengewoon onderwijs. Tegenwoordig noemen we het speciaal onderwijs. Ze gaf les op het woonwagenkamp in Roosendaal in slechte omstandigheden. Het 'schooltje' was een bouwkeet, de wc zat in de hoek van het lokaal, het was er ijskoud. De inkt bevroor 's winters in de potten. Twee onderwijzers gaven er les aan de kinderen van het kamp die pas op hun zesde begonnen en na de lagere school vaak weer stopten met school.

Dit werk heeft ze zes jaar gedaan tot haar huwelijk, toen ze werd ontslagen. Ze maakte wel netjes het schooljaar af en trouwde in de zomer van 1963 met Piet Verbraak. Ze verhuisden naar Oss. Ze had Piet ontmoet in het buurthuis waar ze les in volksdansen gaf. Piet was hopman bij de scouting.

Piet had gymnasium gedaan op het seminarie in Essen. Hij moest priester worden. Maar dat was toch niets voor hem. Hij is van school gegaan, ging bij de PTT in Rotterdam werken en haalde in zijn vrije tijd zijn boekhouddiploma. In de jaren daarna is hij boekhouder geweest bij de dropfabriek en bij de bekende Drie Hoefijzers Brouwerij in Breda.

Maar zijn hart lag ergens anders. Hij ging voor het jongerenwerk. Hij kwam in Maastricht terecht in een buurthuis en daarna in Oss op de Levensschool. Dit was een voorloper van het leerlingwezen, bestemd voor werkende jongeren die nog een dag per week naar school moesten. Piet was er groepsbegeleider, meer de pedagogische kant. Gestimuleerd door zijn vrouw Wiesje ging hij weer naar school om de mo-aktes pedagogiek te halen aan het Mollerinstituut in Tilburg, voorheen bekend als de Katholieke Leergangen. De lerarenopleidingen van het Mollerinstituut maken sinds 1996 onderdeel uit van Fontys Hogescholen, vestiging Tilburg.

Daarna werd hij orthopedagoog aan de Binckhof in Grave. De tehuizen in Brabant voor ouderen- en gehandicaptenzorg, wat je tegenwoordig 'care' noemt, gingen in 1979 samen een opleidingsinstituut opzetten, COSA, met vestigingen in Eindhoven en Tilburg, voor verzorging en verpleging. Circa duizend leerlingen van een twintigtal instituten zouden hier hun theoretische opleiding krijgen. COSA werd bekostigd door het ministerie van Volksgezondheid. Piet gaf aanvankelijk les bij COSA-Tilburg als docent pedagogiek, werd later adjunct-directeur en nog weer later, vanaf 1982, directeur van de vestiging in Eindhoven, naast de Catharinakerk. Nadat er weer was gefuseerd en verhuisd naar Vught, werden de opleidingen ondergebracht bij het roc Koning Willem I-College. Daarmee kwam het instituut onder het ministerie van OCW te vallen. Een nieuwe externe directeur werd aangetrokken, een moeilijke periode brak aan voor Piet. Uiteindelijk ging Piet met 59 jaar met de VUT, zoals veel van zijn generatiegenoten in het onderwijs.

Diny van den Boom-Toen

Van verpleegster tot docent verpleegkunde en ethiek

Jan van den Boom, de zoon van oudoom Nol, was na de mulo verder gaan leren. De grote wens van Jan was om naar Wageningen te gaan, de Rijkslandbouwhogeschool. In zijn autobiografie schreef hij: 'Onlangs las ik dat Jeroen Dijsselbloem, de huidige minister van Financiën en mijn achterneef, landbouweconomie heeft gestudeerd. Dat had ik ook graag willen doen.'* Maar oom Nol schreef hem in voor de hts. Na aanvankelijke tegenzin slaagde hij met trots. Voordat hij in militaire dienst moest, kon hij bij de Oranje-Nassau Mijn in Heerlen een cursus bedrijfskunde volgen, gekoppeld aan een werkstage. Dat verliep zo goed dat men hem vroeg na zijn dienstplicht bij de mijnen te komen werken. Maar de tijd haalde hem in. De geruchten over de aanstaande mijnsluitingen verhinderden zijn aanstelling. Pas eind 1974 sloot de Oranje-Nassau I als laatste mijn zijn poorten. Uiteindelijk solliciteerde Jan, op aanraden van mijn vader, bij Philips waar hij, vanaf 1957, 37 jaren zou blijven werken. Eerst in Nijmegen en later in Eindhoven. Jan heeft, in tegenstelling tot zijn vader, nooit in het onderwijs gewerkt. Maar hij was wel gedurende 25 jaar 'Rijksgecommitteerde' aan de Fontys Technische Hogeschool in Venlo en beoordeelde in die rol de afstudeeropdrachten voor studenten.

Oom Nol zei altijd 'eerst een studie, dan militaire dienst, aansluitend een baan en dan pas een meisje'. En zo ging het dus ook. Dat meisje werd Diny Toen, een verpleegster die Jan leerde kennen tijdens het carnaval in 1958.

---

* Idem.

De jeugd van Diny werd sterk bepaald door de ziekte van haar moeder. Na de mulo ging Diny, toen vijftien jaar, twee jaar fulltime voor haar moeder en de vier andere kinderen zorgen. Pas daarna ging ze verder leren, op aandringen van haar moeder die wilde dat 'ze iets ging doen wat ze leuk vond'. Ze koos voor de verpleegkunde, wat ze als een openbaring ervaarde.

Ze ging, zoals gebruikelijk, in een verpleegstersflat bij het ziekenhuis wonen, kreeg eindelijk echte vriendinnen, eindelijk vrijheid! Na drie jaar A-opleiding tot verpleegkundige en een negenmaandse opleiding voor de kraamaantekening in Den Haag, volgde ze nog twee jaar de opleiding bedrijfsverpleegkunde. Haar eerste baan was bij het Algemeen Mijnwerkersfonds, een ziekenfonds voor de mijnwerkers. Ze hield er de ontwikkeling van het ziekteproces bij mijnwerkers, natuurlijk vooral longziektes maar ook ernstige maagklachten, in de gaten. Mijnwerkers die ziek werden en klein behuisd waren, werden opgevangen in de ziekenzaal van het Mijnwerkersfonds.

Zij werkte tot haar trouwen met Jan, in 1960, toen ze werd ontslagen. Maar zoals voor veel vrouwen zouden er kansen komen om later toch weer te werken. Vanwege Jans baan bij Philips verhuisden ze naar Nijmegen. Ze had het liefst medicijnen gestudeerd, eigenlijk al sinds het tekortschieten van dokters tijdens de ziekte van haar moeder. Later, toen ze al kinderen had, is ze weer begonnen met de hbs om zo alsnog naar de universiteit te kunnen gaan, maar die combinatie was te zwaar. Ook haar hartfalen, dat ze haar hele leven heeft gehad maar pas op haar 62ste werd gediagnosticeerd, vormde een handicap. Als kind viel ze soms al flauw, iets wat later, toen ze in het ziekenhuis werkte, vaker voorkwam.

Ruim negen jaar na haar huwelijk werd er een verpleegkundige gevraagd op een huishoudschool in Bemmel. Ze greep haar kans. Na twee jaar les te hebben gegeven aan meisjes die veelal ongeïnteresseerd waren, werd ze slachtoffer van bezuinigingen. Toen besloot ze verder te gaan leren. Ze ging de docentenopleiding voor docenten verpleegkunde volgen aan het Radboud in Nijmegen, en de praktijk van de verpleegkunde moest worden opgefrist door elke avond in de Maartenskliniek te werken. Na een halfjaar, Diny was inmiddels 36, kwam er een docente verpleegkunde, verbonden aan het ziekenhuis in Deurne, vragen of ze daar wilde komen lesgeven. Diny heeft daar gewerkt tot haar pensioen. Ze gaf in eerste instantie verpleegkunde en later het vak theologie, dat ze verbreedde naar ethiek.

Paul van den Boom
Van onderwijzer tot directeur in het beroepsonderwijs

Een van de zes zonen van oudoom René ging het onderwijs in. Paul herinnert zich nog net de peuterklas in Amsterdam, kort na de bevrijding. Maar al in 1947 verhuisde het gezin naar Oisterwijk en Tilburg, waar hij op de kleuterschool en de jongensschool zat. Hij heeft goede herinneringen aan zijn lagereschooltijd. In Venlo werd de carrière voortgezet op de hbs, het Thomascollege. Het was een moeilijke tijd omdat er Limburgs of beter gezegd Venloos werd gesproken, ook in de klas. Alles van buiten Limburg was in die tijd 'van Holland'. Dat was voor sommigen van de broers niet gemakkelijk. Het was vaak moeilijk om contacten te leggen.

Paul moest de derde klas overdoen. Dat was aanleiding om te proberen de directe overstap te maken naar de kweekschool, maar dat vergde wel een toelatingsexamen, waarvoor hij niet slaagde. Het jaar daarop werd hij zonder meer toegelaten. De toelatingseis was: afgeronde mulo-opleiding of overgang van 3 naar 4 hbs. De kweekschool was tot en met 1956 een meisjesschool met internaat geweest. Pas na dat jaar werd er voor het eerst een jongensklas gestart. Zij hoefden overigens niet intern te zijn. De eerste twee jaren op de kweek waren bedoeld om de leerlingen alsnog op ongeveer het niveau van een vijfjarige hbs te brengen. In het derde en vierde jaar begon eigenlijk pas de beroepsopleiding. Ook stage lopen begon toen pas. Het vijfde jaar was bedoeld voor het behalen van de hoofdakte, standaard voor de jongens, maar zeker niet gebruikelijk voor de meisjes. Slechts enkelen van hen deden mee en daarom was het vijfde leerjaar gemengd. Het onderwijs op de kweek werd verzorgd door nonnen en leken. De meeste nonnen, de Zusters van de Goddelijke Voorzienigheid, en leken waren in de herinnering van Paul veelal prettige, vakbekwame docenten.

Na de kweek volgde in 1963 de verplichte diensttijd. In een gezin met zes jongens moesten er 'slechts' drie in dienst. Omdat zijn broer René werd afgekeurd, was Paul de derde die toch moest aantreden.

In januari 1965 werd Paul benoemd aan de nieuwe school St.-Willibrordus, in de nieuwe wijk 'Groenveld' in Venlo. Daar er in die tijd een tekort was aan onderwijzers kon hij, met de hulp van de locoburgemeester, vervroegd uit militaire dienst.

Hij heeft in deze eerste baan heel hard gewerkt. De nieuwe school had een jong team onder leiding van een enthousiast schoolhoofd. Het streven was om het onderwijs om te bouwen naar jenaplanonderwijs. Daarvoor had men gekozen voor groepsonderwijs. Paul gaf bijvoorbeeld les in klas 5, maar kreeg leerlingen uit 4 en 6 voor de reken- en taalles, zodat op niveau kon worden lesgegeven. Het team maakte tot in de late uurtjes eigen methodes en deze werden zelf vermeerderd met stencilapparaat en fotokopieerapparaat. De beschikbare methodes van de grote onderwijsuitgeverijen sloten in hun ogen niet voldoende aan bij het niveau van de kinderen. Te stug en niet flexibel qua niveau.

Omdat de school in een jonge wijk stond, waren de klassen groot: 58 kinderen in een klas was vrij normaal. De hulp van ouders werd ingeschakeld. Het fenomeen leesmoeder deed zijn intrede. Ook hielpen er ouders bij handenarbeid. Er was volop ruimte om te experimenteren.

Ondertussen haalde Paul in de avonduren de lo-akte handelskennis en lo-handenarbeid. Nadat de sfeer verslechterde, ging Paul gelijktijdig met enkele andere collega's weg van deze lagere school. In augustus 1968 stapte hij over naar het lager economisch en administratief onderwijs (leao) in Horn. Deze gloednieuwe onderwijsvorm was voortgekomen uit het voortgezet gewoon lager onderwijs bij de totstandkoming van de Mammoetwet van minister Cals. De leao was aanvankelijk driejarig maar enkele jaren later werd het een vierjarige opleiding. Dat vierde jaar was nodig omdat de eisen aan het curriculum steeds verder werden uitgebreid. De leao zou bestaan tot de start van het voorbereidend beroepsonderwijs (vbo) in 1992 en in 1999 werd deze vorm en de naam alweer vervangen door voorbereidend middelbaar beroepsonderwijs (vmbo).

De leao leidde op voor beroepen in kantoor, verkoop en winkel. Er waren dan ook twee richtingen. Paul gaf boekhouden, bedrijfsrekenen, handelskennis en Nederlands. Later haalde hij ook de akte 'kantoor- en winkelpraktijk' en kon hij ook die vakken geven. De school had een 'simulatiewinkel' waar onder andere verkoopgesprekken en winkelinrichting werden geoefend en een 'simulatiekantoor' waar administratieve handelingen centraal stonden. Aanvankelijk waren er geen stages voor de leerlingen. Paul heeft deze met enkele andere leao-scholen ingevoerd maar werd na een jaar teruggefloten door de onderwijsinspectie. Er mochten geen stages plaatsvinden, want de leerlingen waren tijdens de stageperiode niet verzekerd. Later werd er alsnog goedkeuring verleend vanuit het ministerie in Den Haag. En nog weer later werd het een vast verplicht onderdeel. Echt een vernieuwing van onderop.

Er was een vaste onderwijsinspecteur voor de leao's in de regio Limburg, die over het algemeen meedenkend was. Hij kwam in die tijd al in de klas meekijken hoe het onderwijs werd gegeven. Men kwam wel eens met twee of drie inspecteurs tegelijk op bezoek. De discrepantie tussen het schoolexamen en het centraal schriftelijk eindexamen was toen al een aandachtspunt voor de onderwijsinspectie.

De leao was gevestigd in Horn en kreeg later een dependance in Roermond in de binnenstad. Paul was ondertussen pedagogiek gaan studeren aan de Katholieke Leergangen in Sittard, tegenwoordig onderdeel van Fontys. Daar haalde hij zijn mo A-akte. De studie voor mo B werd bijna afgerond, maar de afsluitende scriptie heeft hij niet meer gemaakt. Dat kwam onder andere doordat hij steeds meer tijd kwijt was aan zijn nieuwe rol in de school. In 1977 was hij de directeur opgevolgd, aanvankelijk nog met een aantal lesuren ernaast, maar vanaf 1979 fulltime.

In 1981 volgde een fusie met de lagere detailhandelsschool, de middelbare detailhandelsschool en het middelbaar economisch en administratief onderwijs in Roermond. Een fusie die vooral door het bestuur werd gewenst en door de ambitieuze directeur van de fusiepartner. Paul werd adjunct aan de fusieschool en als directeur verantwoordelijk voor de leao/lds-poot. De fusie leidde tot fricties en irritaties. Vooral de oudgedienden van de leao vonden het moeilijk de zelfstandigheid op te geven, hoewel de meeste docenten gewoon dezelfde lessen bleven geven. De integratie van het personeel van de leao met het personeel van mds, meao en lds verliep erg moeizaam.

De drang tot schaalvergroting in het beroepsonderwijs was wel begrijpelijk. Na de Mammoetwet uit 1968 ontstonden er door het hele land nieuwe mbo-scholen. Zo werden er in menig stad naast elkaar aparte katholieke, protestantse, algemeen-bijzondere en gemeentelijke scholen opgericht. En dan ook nog per sector aparte scholen. In de jaren tachtig waren er circa 325 mbo-scholen. Door deze versnippering bleven de scholen relatief klein. Daarbij kwam dat de neergang van de leerlingenaantallen in lts en mts al eind jaren tachtig was begonnen.

Vanuit Den Haag werden door de ministers Deetman en Ritzen operaties in gang gezet om schaalvergroting en aanbodverbreding in het mbo te krijgen. Eerst de SVM-operatie (Sectorvorming en Vernieuwing Middelbaar beroepsonderwijs) van 1987 tot 1990 en later de roc-vorming (1994-1997). Bij de SVM stond het begrip 'autonome school' centraal. Dat betekende dat de school verregaande bevoegdheden en een budget (lumpsum) kreeg, onder de voorwaarde dat ze groot genoeg was om die verantwoordelijkheid aan te kunnen. Dit vormde natuurlijk een geweldige stimulans voor bestuurders in de sector omdat zij op alle fronten te maken hadden met de 'bemoeienis' van het ministerie in Den Haag. De opheffingsnorm, oftewel de minimale omvang, werd zeshonderd leerlingen.

Er moesten grotere sectorscholen komen. Aanvankelijk werd gesproken over bestuurlijke fusies, dus een fusie in de bestuurs/directiekamer met daaronder zelfstandige scholen, maar uiteindelijk kozen de meeste besturen voor institutionele fusies. Dat wil zeggen dat scholen helemaal in elkaar werden geschoven. De insteek van het bijeenbrengen van sectorscholen binnen één regio werd ook verlaten. Daarbij zouden namelijk denominatieve grenzen moeten worden overschreden. De katholieke en protestantse besturenbonden en hun politieke vertegenwoordigers voelden daar niets voor. Liever multisectorieel, dus zowel techniek, economie/administratief, horeca/hotel/toerisme (en jaren later verzorging en verpleging) maar met behoud van één levensbeschouwelijke denominatie.

In 1991 werd er opnieuw gefuseerd, nu met het volwassenenonderwijs, de moedermavo van Venlo/Weert/Roermond. In de nieuwe organisatie die toen ontstond, werd Paul directeur personeelszaken. Hij had daar geen achtergrond of opleiding voor, maar had ervaring met gesprekken met de vakbonden en medewerkers over arbeidsvoorwaarden. Er was een vierkoppige directie met naast Paul een algemeen directeur, een directeur onderwijs en een directeur financiën. Er waren tegen de driehonderd docenten, verdeeld over een tiental locaties.

De oorspronkelijke moedermavo, een avondschool, was bedoeld voor mensen die op latere leeftijd alsnog een mavodiploma wilden halen. Paul heeft daar zelf ook nog lesgegeven in de avonduren, in Nederlands en boekhouden. Aanvankelijk echt voor ouderen, veelal vrouwen, die alsnog de kans kregen om een opleiding te volgen of af te maken. Zijn oudste leerling was 67. Toen er begin jaren tachtig een overschot aan leraren kwam en de kosten van wachtgeld voor werkloze leraren een molensteen voor het onderwijs werden, mocht hij niet langer 's avonds lesgeven naast zijn voltijdsaanstelling. De moedermavo was onderdeel van het volwassenenonderwijs (vavo). Begin jaren negentig werd besloten dat vavo en de basiseducatie onderdeel moesten worden van het mbo en zo werden instellingen allengs groter en groter. De een na de andere adviescommissie pleitte voor verdergaande schaalvergroting om zowel kosten te beheersen als kwaliteit te verbeteren. Maar deze twee taken tegelijk aanpakken is zelden succesvol. Rendement was in die periode een dominant begrip in beleidsdiscussies over het onderwijs.

De derde fusiegolf die Paul als onderwijsdirecteur zou meemaken volgde in 1997 met de vorming van regionale opleidingencentra (roc). De nieuwe Wet educatie en beroepsonderwijs was begin 1996 van kracht geworden. Paul is meegegaan naar de nieuwe instelling maar moest wel opnieuw solliciteren, zoals alle directeuren en adjunct-directeuren, vanwege de grootschalige reorganisatie. Hij had door privéomstandigheden een zware periode achter de rug en leidinggeven aan personeelszaken voor circa 1500 medewerkers vond hij te zwaar, ook omdat hij het gemis voelde van een opleiding tot hrm-manager. Hij ging zich in de laatste fase van zijn carrière, als beleidsmedewerker personeel, bezighouden met algemene personeelszaken.

Het nieuwe roc, genaamd Gilde Opleidingen, omvatte

het hele middelbare beroepsonderwijs en had in de regio Venlo-Roermond-Weert-Sittard aanvankelijk 27 locaties. Elke gemeente wilde immers zijn eigen scholen behouden. Later is dat teruggebracht naar een tiental grotere locaties.

De grootste verandering in zijn mbo-loopbaan was ongetwijfeld de vorming van roc's. Beroepsonderwijs moest meer body krijgen; het moest zichtbaar worden in de samenleving. De waardering voor het beroepsonderwijs was te laag. Dat is inmiddels verbeterd. Maar de roc-vorming bracht aanvankelijk niet de positieve imagoverandering waar men op hoopte. Paul kijkt kritisch terug op de schaalvergroting.

DE
DERDE
GENERATIE

Yvonne Dijsselbloem
Van de Mariaschool tot remedial teacher

Van ons gezin werken nu mijn zus Yvonne en schoonzus Karin in het onderwijs. Yvonnes route naar het leraarschap was een stuk langer dan die van mijn moeder. Gedurende Yvonnes 'schoolleven' heeft ze grote veranderingen gezien. Ze ging in Eindhoven naar de kleuterschool, achter het Gerardusplein in Stratum, streng in de montessorileer. Dus alles volgens een vast stramien en ritme. Dagelijks poetsen, zorgen en oefenen met het strikkenbord, het haken- en ogenbord of het knopenbord. Telkens opnieuw. Met heel weinig ruimte voor creativiteit of fantasie. De lagere school was de ouderwetse, strenge Mariaschool voor meisjes, waar alle leerlingen op lengte in de klas zaten. De langste achterin. In de vijfde klas zaten achter in de klas de grotere en oudere meiden die wachtten tot ze aan de leerplicht tot veertien jaar hadden voldaan, om vervolgens in de fabriek te gaan werken. De Mariaschool lag aan de noordkant van Stratum, een volksbuurt. Maar er zaten ook kinderen op die meer aan de zuidkant, richting de Floralaan woonden. Het perspectief en de verwachtingen voor de kinderen was daarmee bepaald.

Yvonne was een van de beste leerlingen van de klas. In die tijd werd dat ook nog regelmatig bekendgemaakt en kregen de best presterende kinderen ook prijzen, bijvoorbeeld een leesboekje. In de vijfde klas mocht Yvonne een keer een dictee geven in de eerste klas. Ze vond het prachtig. Ook thuis speelde ze graag schooltje met haar jongere broer en zus. Opa Visser, leraar houtbewerking, had een echt ouderwets schoolbankje gemaakt voor Yvonne, wat het schooltje spelen natuurlijk nog verder stimuleerde. Het ging zo goed dat haar zusje Irene al kon lezen en rekenen voordat ze naar de lagere school ging.

Toen Yvonne naar de zesde klas ging, verhuisde het hele gezin naar Son. Het was een grote schok. De nieuwe school, De Vijverberg, was een wonder van modern onderwijs vergeleken bij de Mariaschool. Werkelijk alles was er anders. Het was een gemengde school, wat al erg spannend was. Er was gedifferentieerd onderwijs waarvoor de vier zesde klassen in niveaugroepen werden opgesplitst. Yvonne werd bij aankomst in het hoogste niveau gezet maar dat was zwaar omdat ze door de ouderwetse Mariaschool met name met rekenen achterliep.

Aan het einde van dat jaar vond de Cito-toets plaats. De eindtoets voor het basisonderwijs kreeg voor het eerst in 1965 een wettelijke basis. De Gemeente Amsterdam liep voorop met de Amsterdamse Schooltest, die vanaf 1966 werd afgenomen aan openbare scholen in Amsterdam. In 1968 ging het Cito, Centraal Instituut voor Toets Ontwikkeling, opgericht door onderwijsminister Cals, van start. En een paar jaar later nam het Cito de Amsterdamse toets over onder de naam 'schooltoetsen basisonderwijs'. Tegenwoordig is de toets opnieuw een overheidsverantwoordelijkheid geworden, nu onder de naam 'centrale eindtoets'.

Toen mijn zus deelnam aan de Cito-toets, was de uitslag alleen adviserend en deze werd niet aan de leerlingen verteld. Hij had nog niet het gewicht dat hij later zou krijgen. Wel was er ook in die tijd al kritiek op het toetsen van kinderen, geluiden die de laatste jaren ook weer veel te horen zijn. Maar de aanhoudende vooroordelen voor kinderen uit 'lagere milieu's' leidden aantoonbaar tot te lage schooladviezen. De kinderen uit Stratum-Noord leerden niet verder en voor de kinderen uit Stratum-Zuid golden hoge verwachtingen, zowel bij de school als de ouders. Om dat te doorbreken was een objectieve toets cruciaal. En dat is nog altijd zo.

Yvonne koos na de lagere school zelf voor het Eckartcollege in Eindhoven. Haar ouders hadden de voorkeur voor het Van der Puttlyceum. Het Eckart was begonnen als dependance en was pas een jaar zelfstandig. Dat vonden pa en ma, beiden afkomstig uit het onderwijs, riskant. Nadat mijn vader in Eindhoven wat rondvraag had gedaan, mocht het toch. De school zat in 1971 in een aantal houten noodgebouwen die binnen enkele jaren zouden worden vervangen door meerdere nieuwe schoolgebouwen. Het Eckart zou snel doorgroeien naar meer dan tweeduizend leerlingen. Er was een tweejarige brugperiode. In de eerste brugklas zaten alle niveau's, dat wil zeggen mavo, havo en atheneum (later vwo) nog bij elkaar. In de tweede brugklas alleen nog havo en atheneum. Ondanks een mavoadvies van de Citotoets werd het uiteindelijk toch atheneum. Het fenomeen brugklas kwam voort uit de Mammoetwet. Er was en is veel kritiek op het relatief vroege selectiemoment in het Nederlandse onderwijs. De tweejarige brugklas is een effectieve manier om dat moment uit te stellen en daarmee beter te laten verlopen. Helaas is het aantal scholen met brede brugklassen de laatste jaren drastisch teruggelopen.

Toen Yvonne een studie moest gaan kiezen zeiden pa en ma allebei: 'Ga nooit het onderwijs in.' Natuurlijk kwam dat voort uit hun eigen ervaringen in die periode. Pa zei er niet veel over maar de frustratie droop er soms vanaf als hij thuiskwam. Mijn moeder werkte in die tijd als invaller van wie de arbeidsvoorwaarden, en met name het pensioen, heel slecht waren. De flexwerker avant la lettre. Mijn ouders konden ook slecht overweg met de antiautoritaire sfeer van de jaren zeventig. De status van de leraar ging hard achteruit en het salaris voor jonge leraren zou daarop volgen. De grote klap in dat opzicht kwam in 1985 met de Herziening Onderwijs Salarisstructuur, de nota-HOS. Wanneer we ons afvragen waarom zo weinig academici nog geïnteresseerd zijn in een carrière in het onderwijs, dan ligt hier een deel van het antwoord. Jonge academici die vanaf 1985 werden aangesteld, de zogenaamde nahossers, kregen tot 20 procent minder salaris dan daarvoor gebruikelijk was. Ook jonge leraren in het basisonderwijs gingen er fors op achteruit. Er was brede steun voor deze herziening, zelfs van de vakbonden, omdat het ook werd gezien als antwoord op de massale werkloosheid onder jonge leraren in de jaren tachtig.

Nadat ze bij een auto-ongeluk een ernstige beenbreuk opliep en kennismaakte met fysiotherapie was Yvonnes beroepskeuze gemaakt. Maar voor fysiotherapie moest je natuur- en scheikunde in je pakket hebben, niet haar sterkste punten. Vooral scheikunde was 'een drama'. Omdat fysio een hbo-opleiding was, wilde Yvonne terug naar de havo. Daar was met onze ouders niet over te praten. 'Geen sprake van,' klonk het unisono uit beide monden. Einde discussie.

Met kunst- en vliegwerk en veel bijles van natuurkundeleraar oom François werd de eindstreep atheneum B gepasseerd. Op de opleiding tot fysiotherapeut in Nijmegen kreeg ze ook scheikunde. En ineens snapte ze alles. Dat kwam, achteraf gezien, omdat de methode zo verschilde. Op de middelbare school stonden in het lesboek alleen 'leerzame vragen'. Geen theorie, geen uitleg, geen voorbeelden. Het idee was dat als je leerlingen de juiste vragen stelt, ze zelf de antwoorden gaan bedenken. Op de fysio-opleiding werd de theorie uitgelegd en met voorbeelden beeldend gemaakt. Stap voor stap.

Nijmegen was een warm bad. In Nijmegen werden de docenten met de voornaam aangesproken, er werd in de klas gebreid, en leraren hadden relaties met studenten. Dat laatste is tegenwoordig, net als daarvoor, reden tot direct ontslag. Er waren maar vierhonderd leerlingen, in een oud klooster met een soos en fantastische feesten. Een familiesfeer. In het eerste jaar genoot ze zo van de sfeer dat ze het hele jaar opnieuw moest doen. Mijn vader was 'not amused' en wilde meteen de financiering stopzetten. In het vervolg heeft ze alle examens in een keer gehaald. Na haar studie werkte Yvonne jarenlang met plezier als fysiotherapeut in een ziekenhuis. Als ze, na een periode in het buitenland te hebben gewoond, terugkeert in Nederland, is ondertussen de Wet op de beroepen in de individuele gezondheidszorg (BIG) ingevoerd. Het weer oppakken van haar oude beroep van fysiotherapeut zou bijscholing vragen. Maar de problemen die haar oudste dochter Iris ondervindt op school en vooral de zeer goede remedial teacher die zij treft, brengt Yvonne op een heel ander idee. Iris had om meerdere redenen leerachterstand opgelopen en het effect van remedial teaching was indrukwekkend. Ze besluit het onderwijs in te gaan en remedial teacher te worden. Dat traject begint gewoon met de pabo, de lerarenopleiding voor het basisonderwijs. Omdat ze al een hbo-opleiding had afgerond kon ze een tweejarige deeltijdopleiding volgen, goed te combineren met de zorg voor haar kinderen. Vanwege het lerarentekort op dat moment, werd het collegegeld en de kosten van studieboeken door het ministerie van Onderwijs betaald.

De pabo van Fontys Hogescholen in Tilburg viel erg tegen. Korte samenvatting: heel weinig echte beroepsopleiding, heel veel zelfreflectie. Veel zelfwerkzaamheid, eindeloos veel werkstukken, maar didactiek van spelling of rekenen was er niet bij. Zelfs de instructies voor de te maken werkstukken werden in een hand-out meegegeven: inleveren in het postvakje graag. Het reflecteren werd de belangrijkste vaardigheid voor de docent in opleiding en de reflectiemap het belangrijkste document. Voor circa zestig vaardigheden moest daarin worden onderbouwd hoe en in welke mate ze waren verworven, bijvoorbeeld tijdens stages. Er werden op grote schaal verhalen verzonnen om die onderbouwing maar te kunnen leveren.

Er waren studenten die de kort daarvoor ingestelde rekentoets niet haalden. Die moest je wel halen om door te mogen. Sommige studenten waren totaal niet geschikt maar die werden alsmaar verder 'geholpen'. De rekentoets kwam voort uit de terugkerende klachten over het niveau van pabostudenten. Maar de bezorgdheid was breder dan alleen de pabo's. Vanuit het hoger onderwijs komen al geruime tijd klachten dat het niveau van rekenvaardigheden van de instromende middelbare scholieren te laag is. Een signaal dat aansluit bij de dalende trend van de scores van Nederlandse scholieren in de internationale PISA-onderzoeken. PISA, een initiatief van de Organisatie van Economische Samenwerking en Ontwikkeling (OESO), is een driejaarlijks internationaal onderzoek naar de niveaus in basisvaardigheden van vijftienjarige leerlingen. Nederland daalt sinds 2003 in de ranglijsten, wat in 2008 door mijn parlementaire onderzoekscommissie al waarschuwend werd vastgesteld. De rekentoets was voor het voortgezet onderwijs ingevoerd vanaf 2012 waarna de aandacht voor rekenen en rekenonderwijs duidelijk toenam in de scholen. In 2015 zou de toets ook echt gaan meetellen. Althans dat was de bedoeling. Maar het verzet nam toe en eind 2017 werd deze door minister Slob weer afgeschaft. Zijn alternatieve voornemen is om rekenen stevig te verankeren in het wiskundecurriculum. Maar de grote curriculumherziening komt keer op keer in zwaar weer terecht. Voor de pabo's zijn de toelatingstoetsen, waaronder een rekentoets, blijven bestaan.

In 2004 studeerde Yvonne af aan de pabo en ging ze aan het werk als invalkracht op een school in de buurt waar ze ook stage had gelopen. Ze was ook invalkracht op andere scholen in de omgeving maar dat beviel minder goed, vooral omdat de begeleiding voor invalkrachten minimaal was. Een jaar later begon ze aan de opleiding tot remedial teacher. Ook deze opleiding werd geboden door Fontys hogeschool in Tilburg maar dit was een goede, interessante opleiding. Veel inhoudelijker, veel aandacht voor de vraag hoe kinderen leren, voor didactiek. Zowel het niveau als de motivatie van de studenten, die meestal al leerkracht waren, lag hoger. En het onderwijs werd geboden door ervaren docenten.

De positie van remedial teachers, oftewel rt'ers, is de laatste jaren flink veranderd. De invoering van Passend onderwijs, de stelselherziening waarmee werd gestreefd zo veel mogelijk kinderen binnen het regulier onderwijs te houden door hen ondersteuning op maat te bieden binnen de school, heeft veel invloed gehad. De Wet Passend onderwijs ligt in het verlengde van 'Weer samen naar school', waarmee al in de jaren negentig samenwerkingsverbanden van basisonderwijs en speciaal onderwijs werden opgezet, om zo de forse groei van het speciaal onderwijs te keren. Het ideaal van kinderen zoveel mogelijk en zo lang mogelijk 'samen' naar school te laten gaan, vergt veel van de leraren, die in een heel diverse groep leerlingen uiteenlopende methodes en niveaus moeten aanbieden. Tot de invoering van Passend onderwijs in 2014 hadden veel scholen daarom één of meer rt'ers in dienst. Zij ondersteunden leerlingen met het bieden van bijzondere hulp bij schoolwerk. Er werd tijdens schooltijd één op één of in kleine groepjes gewerkt met leerlingen met moeilijkheden, bijvoorbeeld door ze een halfuur apart te nemen. Maar met Passend onderwijs werd het uitgangspunt dat alle kinderen in de les worden geholpen, wat hun niveau ook is. De rt'ers moesten of docent worden of de school verlaten. In hun plaats kwamen er ib'ers, intern begeleiders. Ib'ers gingen de leerkrachten ondersteunen, in plaats van leerlingen begeleiden. Maar de leraar moet het uiteindelijk wel zelf doen, in klassen met meer kinderen die bijzondere aandacht vragen. Onderwijsassistenten, opgeleid aan het mbo, worden nu vaak ingezet om de kinderen met speciale behoeften of achterstanden in de klas te ondersteunen. Werk dat eerder door rt'ers werd gedaan, die na hun hbo-opleiding nog een master 'Special Educational Needs' hadden gevolgd. Op sommige scholen is er wel een ambulant begeleider, die de schakel vormt met het samenwerkingsverband en het speciaal onderwijs.

Tegen haar zin werd Yvonne zo, zoals steeds meer mensen in het onderwijs, zzp'er. Als zelfstandig werkend rt'ers van huis uit gaat het haar goed. De school waar zij aanvankelijk werkte, stuurt nu regelmatig leerlingen met leerproblemen naar haar door. Maar zij is er uitgesproken over: het is niet goed. Het hoort in de school beschikbaar te zijn. Nu is het afhankelijk van de koopkracht van ouders of zij de 'bijles' kunnen betalen. Binnen de school was het voorheen voor alle leerlingen beschikbaar, indien nodig. En de rt-bijles vindt nu na schooltijd plaats, terwijl juist de kinderen die op school op hun tenen moeten lopen, zich 'na school' zouden moeten kunnen ontspannen.

Yvonne vindt Passend onderwijs nog steeds een goed idee maar het werkt alleen als er voldoende geld is voor ondersteuning in de klas.

Een kind uit de klas halen is ook geen ideale situatie. De beste oplossing is rt'ers die in de klas de kinderen helpen die de meeste aandacht nodig hebben. Als ze de kans zou krijgen om als rt'er weer terug te keren in de school, zou ze het meteen doen.

Yvonne heeft tweeënhalf jaar strikt geprotocolleerde dyslexiebehandelingen gegeven op verschillende scholen nadat dyslexie een erkende 'ziekte' werd. De zorgverzekeraars vergoeden deze behandelingen. Ze volgde daartoe een aanvullende speciale opleiding bij Fontys OSO.

In 2019 werkte ze op een scholengemeenschap voor speciaal onderwijs, cluster 4, de aanduiding voor leerlingen met gedragsproblematiek. Daar vertrokken regelmatig onderwijsassistenten. Yvonne solliciteerde als rt'er op een vacature voor onderwijsassistent. Zo kon ze op school, in de klas haar vaardigheden inzetten voor alle leerlingen. En niet enkel voor de kinderen wier ouders de extra begeleiding konden betalen. Deze school nam haar gretig aan omdat ze nog nooit zo'n goed opgeleide onderwijsassistent hadden gehad. Maar vervolgens wilden ze wel dat ze ging werken als rt'er, uiteraard met het salaris van een onderwijsassistent maar zonder een werkplek waar ze met de leerlingen kon gaan zitten. Het liet zich op een gegeven moment ook niet meer combineren met de eigen rt-praktijk.

Sinds eind 2020 werkt Yvonne, als zzp'er ingehuurd, voor de openbare basisschool in de wijk waar ze woont. Betaling komt uit de subsidie die de school aanvroeg om de achterstanden als gevolg van de coronaschoolsluiting weg te werken. Ze werkt met groepjes van drie tot vijf kinderen intensief aan de gemiste leerstof. Tot nu toe zijn de resultaten opvallend positief, de meeste kinderen lijken hun achterstand goed in te halen. Het werk is tijdelijk, afhankelijk van de middelen die de school krijgt. Ze geniet ervan weer op school te zijn en met groepjes kinderen te werken. Veertig jaar na het advies van pa en ma 'ga nooit het onderwijs in', heeft Yvonne toch ontdekt dat het onderwijs 'echt haar ding' is.

Karin Dijsselbloem
Van de meisjesschool tot lerares Frans

Mijn schoonzus Karin is een van de huidige generatie familieleden die werkzaam is in het onderwijs. Zij geeft al gedurende haar gehele carrière Franse les. Haar eigen schoolcarrière begon op de meisjesschool van Lierop. Pas nadat zij de school had verlaten, zou deze fuseren met de lokale jongensschool. Op de meisjesschool werd alleen lesgegeven door juffen. De huidige feminisering van het onderwijs maakt in zekere zin de cirkel weer rond.

Karin kreeg aan het einde van de lagere school gymnasium als advies maar het dichtstbijzijnde gymnasium was in Deurne en dat vond haar vader veel te ver fietsen. Vandaar dat het een geheel nieuwe school werd, het College Asten Someren. Na de zomer van 1974 begon haar middelbareschooltijd. De school was niet alleen nieuw maar ook vernieuwend met drie brugklasjaren. Pas na het derde jaar volgde een keuze van het haalbare niveau. Drie jaar na de opening had de nieuwe school echter nog geen vwo-afdeling opgezet, slechts een havobovenbouw en dus moest Karin verhuizen naar een andere school, het St.-Carolus Borromeuscollege in Helmond. Sociaal gezien verliep de overstap heel soepel. Maar het niveauverschil tussen de vernieuwingsschool en het oude Carolus was fors. De stof sloot niet aan, alle methodes waren zeer verschillend en het niveau lag duidelijk hoger.

Al in de brugklas wist Karin dat ze lerares Frans wilde worden. Op de basisschool speelde ze op woensdagmiddag vaak schooltje. De kinderen uit de buurt waren dan haar leerlingen. Een prille en vluchtige liefde voor een Franse jongen deed haar besluiten Frans te willen leren. Ze zong al jong 'Après toi' van Vicky Leandros fonetisch na en later volgde een grote liefde voor zanger Julien Clerc die zowel de slaapkamermuur als haar schoolagenda domineerde. Er waren ook een paar leraren belangrijk in de keuze voor Frans. Mevrouw Pruntel was een fijne lerares Frans met wie Karin in de eerste klas en in de derde klas een klik had. Op het Carolus kreeg ze meneer Witters, traditioneel en van de oude stempel maar wel een heel goede leraar. Duidelijke regels. Hij verwachtte niveau en was streng in de klas.

Daarmee en met de rust die hij uitstraalde kreeg hij respect bij de leerlingen. Het Carolus was in de herinnering van Karin geen ouderwetse school: er hing een liberale sfeer. Een natuurkundeleraar had al een relatie met een man en legde het vervolgens aan met een jongen uit de vijfde klas die erbij ging wonen. Daar werd in die tijd niet echt van opgekeken.

Frans werd toen nog gegeven door mannen en vrouwen, waar nu al Karins collega's vrouwen zijn. Er is inmiddels een tekort aan leraren Frans, iets wat bij Duits al veel langer gaande is. Op steeds minder Nederlandse universiteiten kun je Frans studeren. De animo is ook afgenomen. Frans is wel nog steeds verplicht voor mavo-havo-vwo in de onderbouw. Op de havo kan men beide vreemde talen laten vallen in de bovenbouw. Op het vwo moeten de leerlingen naast het Engels een tweede vreemde taal kiezen en dat is steeds vaker Duits.

Maar Karin was al jong vastbesloten dat het Frans moest worden. Ondanks die motivatie was de studie Franse taal- en letterkunde in Nijmegen pittig voor haar. Karin had moeite om gedisciplineerd in de grote stad aan de slag te gaan. In je eerste jaar moest je zeven van de tien vakken halen. Lukte dat niet dan moest je het hele eerste jaar opnieuw doen en dat is wat Karin meemaakte. Het was wel een wake-upcall, waarna ze vlot afstudeerde. Ze haalde tijdens haar studie ook de didactische aantekening. Zij volgde vakdidactiek Frans, waaronder allerlei algemenere didactiekvakken vielen. Dit leidde tot een eerstegraads onderwijsbevoegdheid. Een oudere dame gaf algemene didactiek. Ze was een heel goede docent, gaf goede tips zoals: 'Word nooit boos voor de klas, doe alsof je boos bent.' Die wordt nog steeds toegepast.

Karin studeerde af in 1988. Een tijd van hoge jeugdwerkloosheid. Tijdens het laatste jaar van haar studie had ze gelukkig al een vervangingsbaan op scholengemeenschap Genderdal in Eindhoven. Mavo-havo-vwo en meao, vlak achter het Philipsstadion. Uiteindelijk heeft ze daar het hele jaar gewerkt, twintig uur per week, terwijl ze ook haar scriptie moest schrijven. De begeleiding voor jonge docenten was in die tijd nog minimaal. De nieuwste collega kreeg vaak de moeilijkste klassen, want die wilden de andere leraren niet. Op de school waar Karin nu werkt, wordt intensieve begeleiding geboden met maandelijkse gesprekken en intervisie.

Haar eerste vaste baan was aan het St.-Willibrord Gymnasium in Deurne, waar ze tien jaar zou werken. De eerste twee jaren waren heel zwaar, daarna werd ze door de leerlingen geaccepteerd. Haar voorgangster was weggepest, dus toen Karin verscheen dachten ze hetzelfde: die gaat na een jaar wel weg. Maar dat straalde Karin niet uit. Terwijl ze in Deurne werkte, had ze nog een parttimeaanstelling op het Stedelijk Gymnasium in Den Bosch. Ze heeft ook enkele uren lesgegeven op een particuliere school aan 'verwende' leerlingen die niet wilden leren. Later bij het particuliere Taleninstituut Franse cursussen voor bedrijven en, na een NT2-opleiding aan het Universitaire Talencentrum, Nederlandse les aan buitenlanders. Het was een deeltijdbaan, 's avonds en het betaalde slechter dan in het reguliere onderwijs, maar Karin vond het leuk en deed het zeven jaar. Daarna volgde het Tilburgse Cursushuis, onderdeel van de openbare bibliotheek: een avond per week, twee groepen in de week. Daar ontstond het idee om het van huis uit te doen. Maar na een paar jaar miste ze de pubers en de reuring van een school. Het werd het Frencken College in Oosterhout, waar ze nu ruim dertien jaar werkt. Steeds met een deeltijdaanstelling en dat bevalt prima. Het is een havo-vwo-school van circa 1200 leerlingen. Karin geeft les in zowel de onderbouw als de bovenbouw.

In de loop van de jaren is voor haar het vak Frans minder belangrijk geworden en het contact met de leerlingen juist belangrijker. Dat heeft positieve en negatieve redenen. In de loop van de jaren heeft ze haar inhoudelijke ambities bijgesteld. Je kunt maar een stukje van je vakinhoud kwijt. Je komt maar tot een bepaald niveau. Dat komt onder andere doordat de beschikbare uren voor Frans zijn verminderd. Er zijn in de onderbouw uren ingeleverd die de leerlingen facultatief kunnen gebruiken voor vernieuwingen als het econasium (waarbij eco staat voor economie en niet ecologie). Daarnaast is er een strakker stramien ontstaan van de vaardigheden die moesten worden 'gescoord'. Orde houden oftewel 'klassenmanagement', vergt ook meer tijd. Waar een aantal jaren geleden iedereen zijn boeken bij zich had, ligt dat nu wel anders. Voordat dat uitgezocht is, iedereen rustig is gaan zitten, de spullen op tafel, de telefoons weg, zijn de eerste tien minuten soms al voorbij. Iets anders wat kostbare onderwijstijd kost, is het steeds wisselen van lokaal. De meeste leraren hebben geen vast lokaal meer, moeten van uur tot uur zich verplaatsen, en steeds opnieuw in- en uitloggen.

Aan de positieve kant van de balans staan de leerlingen. Daar heeft Karin in de loop der jaren steeds meer plezier in gekregen. Naarmate ze langer in het onderwijs zit, heeft ze meer ervaring, vertrouwen en gezag. Het eigen moederschap hielp ook om de pubers te begrijpen. En ze kan zich nu ook beter in de ouders verplaatsen. Ouders zijn wel veeleisend en willen zich soms overal mee bemoeien. Er zijn zelfs ouders die dagelijks de cijfers op het onlinesysteem Magister bekijken. Ouders zijn ook veel assertiever tegenover leraren en de school. Om het probleem aan te pakken van leerlingen die bij herhaling hun boeken niet bij zich hadden, werden de ouders op een gegeven moment geïnformeerd. Sommige ouders lieten prompt weten daar geen behoefte aan te hebben: het was niet hun taak hun kind daarop aan te spreken.

Karin heeft het meegemaakt dat ouders een mail naar school stuurden omdat hun zoon geen tijd had om mee te doen aan een toets: hij had het te druk met zijn bijbaantje en een taakstraf. Bijbaantjes zijn tegenwoordig standaard en kosten veel tijd, die veelal afgaat van de tijd voor huiswerk.

Het gebeurt helaas de laatste jaren vaker dat ouders het oordeel van de leraren niet accepteren. Ze zoeken het dan direct hogerop bij de rector. Er wordt gedreigd met het inschakelen van juristen. En een paar keer per jaar wordt ook daadwerkelijk een juridische procedure gestart. Er wordt heel veel verwacht van school en minder van hun kinderen. Ook is opvallend hoeveel leerlingen ziek worden gemeld als er een toets is. De samenvatting is: de ouders zijn meer veranderd dan de kinderen. De kinderen maken het onderwijs nog steeds leuk.

Ook de onderwijsinspectie heeft invloed op het dagelijks werk van een leraar op de middelbare school. Als een school lager scoort dan het landelijk gemiddelde, ontstaat er verantwoordingsdruk naar de inspectie toe en uiteindelijk dus ook naar de leraren. Zij moeten de cijfers en slagingskansen meerdere keren per jaar verantwoorden, analyseren en voorzien van een advies hoe dit kan worden verbeterd, alles vastgelegd in het ook voor leerlingen en ouders toegankelijke systeem Magister. Het is een van de verklaringen voor de door veel leraren ervaren administratieve druk.

Hoewel het wegzakken van het onderwijsniveau natuurlijk tijdig moet worden onderkend, heeft de focus op slagingspercentages ook perverse effecten. Als een school kinderen stimuleert om ambitieus te zijn, door te stromen of te 'stapelen' is de kans aanwezig dat die school verhoudingsgewijs meer zittenblijvers heeft. Dat wordt negatief gescoord. Een school die extra eisen stelt om doorstromen, bijvoorbeeld van mavo naar havo, te ontmoedigen zal dat terugzien in hogere slagingspercentages en bij de inspectie niet op de radar komen. Een geweldige prikkel om doorstroming van leerlingen naar hogere niveaus niet te bevorderen.

Karin heeft plezier in haar werk maar noemt het wel pittig. Zo veel leerlingen waar iets mee aan de hand is, de thuissituatie of een individuele beperking en daar wil je rekening mee houden. Iedereen heeft een eigen gebruiksaanwijzing maar in een klas van dertig leerlingen lukt dat niet. Het is voor haar gevoel tegenwoordig uitzonderlijk als ze leerlingen treft waar niets mee aan de hand is. Dertig jaar geleden schreven de leerlingen aan het begin van het jaar op het klassenformulier bij bijzonderheden bijvoorbeeld 'mijn ouders zijn onlangs gescheiden'. Nu schrijven ze op 'mijn ouders zijn nog bij elkaar'. Er is veel dyslexie, hoewel het nu weer wat afneemt. Misschien is de hype voorbij? En klachten uit het autistisch spectrum, met name ADD, oftewel concentratieproblemen. De diagnose wordt veelal al tijdens de basisschooltijd vastgesteld. Maar ook op middelbare scholen worden soms alle leerlingen gescreend op dyslexie. Overigens brengt, in de ervaring van Karin, het door corona afgedwongen onderwijs op afstand veel rust en betere concentratie met zich mee, zelfs in heel drukke klassen.

Eind 2019 demonstreerde Karin mee in de grote lerarendemonstraties. De reden voor haar was de werkdruk. Niet het salaris: Karin is eerstegraadsleraar. Het werk is wel zwaar maar met de leerlingen kan ze zichzelf zijn. 'Als je het wil volhouden in het voortgezet onderwijs, is humor belangrijk.' Ze wil doorgaan tot haar pensioen. Zou ze het overdoen? 'Ja.'

Christel Coolen
Met de pabo en een master SEN, lerares basisonderwijs

Van de drie kinderen van tante Mariëlle hebben er twee voor de klas gestaan. Een als leraar scheikunde op een vmboschool en de andere, tot op de dag vandaag, als leerkracht in het basisonderwijs. Deze laatste, mijn nichtje Christel, volgde de pabo De Kempel in Helmond, haalde daarna nog een master Special Educational Needs (SEN) aan Fontys Hogescholen en is werkzaam aan de basisschool De Troubadour, die sinds de fusie Westwijzer heet. Christel begon aan de opleiding met het idee dat ze 'kleuterjuf' wilde worden maar kwam erachter dat de bovenbouw meer iets voor haar was. Pas na vijftien jaar in de bovenbouw werkt ze nu sinds een jaar of drie alsnog met veel plezier in de onderbouw.

Carla Deckers
Verpleegkundige en opleider voor de zorg

Carla, de oudste dochter van oom André en tante Annie uit Rotterdam, werkt alweer jaren in het onderwijs. Zij is docent verpleegkunde geworden aan het mbo. Omdat er zo veel familieleden in het onderwijs zaten, wist Carla al vroeg dat zij het onderwijs niet in wilde. Na de monseigneur Beckersschool op IJsselmonde volgde de mavo en daarna de havo op het Montfortcollege op Zuidplein. Carla wilde de zorg in. Ze volgde een in-serviceopleiding A (Algemeen), het huidige BBL, waarbij je werk en school combineert. Elk ziekenhuis had nog zijn eigen in-huis opleidingsschool. Je deed drie jaar lang huisexamens. Daarna moest je, in de Jaarbeurshallen, een staatsdiploma verpleegkunde A halen.

Carla begon bij het Claraziekenhuis aan de Olympiaweg, op IJsselmonde, inmiddels onderdeel van het Maasstadziekenhuis. Je moest zeventien jaar en zeven maanden zijn om te worden aangenomen voor een ziekenhuisopleiding verpleegkundige A. De opleiding duurde drieënhalf jaar. Tijdens de opleiding zag ze al veel ruimte voor verbetering. Al na één jaar werk als gediplomeerd verpleegkundige is ze daarom de eenjarige opleiding tot praktijkbegeleider aan het hbo Rotterdam gaan volgen. Ze had geen fulltimebaan en kon het daardoor combineren. In 1985 ging ze aan de slag als praktijkopleider in het Zuiderziekenhuis, later ook opgegaan in het huidige Maasstadziekenhuis. Maar de ambitie reikte verder. Ze volgde in haar eigen tijd de docentenopleiding, derdegraads bevoegdheid, om les te geven aan een verpleegkundeopleiding. Korte tijd daarna volgde de tweedegraads bevoegdheid. Tot haar dertigste is ze eigenlijk altijd in opleiding geweest, vrijwel steeds door haar zelf betaald. In 1992 was ze klaar. In 1991 is Carla gaan werken voor het GROI, gecentraliseerd regionaal opleidingsinstituut voor verzorging en verpleging. Haar studenten hadden al een baan in een instelling. In 1997 vond de samenvoeging van de dagopleidingen en de in-serviceopleidingen plaats. Ze gingen op in de nieuwe roc's. Dat was de grote ommezwaai in het beroepsonderwijs. Weg met de eigen schooltjes. Gezamenlijk opleiden. Ze had tot dan toe altijd met achttienplussers gewerkt. Vanaf toen kreeg ze ook te maken met zestienjarigen. Binnen een jaar werd het ingevoerd.

Dat leidde weer tot een fusiegolf. Het Da Vinci College ontstond toen uit het Midveld, het Biesbosch en het GROI. Midveld en Biesbosch hadden ook alle andere beroepsopleidingen in huis. Wel bleef het altijd een eigen locatie waar de zorgopleidingen plaatsvonden. Daar kwamen onder andere nu de tandartsassistenten bij. Toen begon ook de ontwikkeling van het eindtermendocument naar het kwalificatiedossier. En de onderwijsinspectie kwam voor het eerst langs.

Carla is nu 35 jaar opleider voor de zorg, naast vele jaren werk als verpleegkundige. En nog steeds met veel plezier. De jongeren zijn wel flink veranderd, bijvoorbeeld als het gaat om motivatie en concentratie. Er is zo veel afleiding, zo veel prikkels en keuzes die afleiden van het vak zelf.

De focus op het vak verpleegkundige moet dan nog groeien. Toekomstbeelden van de eerstejaars zijn heel divers en niet altijd realistisch. Om een goede verpleegkundige te worden moet je toch veel kennis paraat hebben. Maar 'stampen' vinden ze heel zwaar. Het is voor de opleiding moeilijk het niveau vast te houden. 'Er is een grens! Het is wel niveau 4!' Het toelatingsniveau zou wat haar betreft echt geëvalueerd moeten worden. Vroeger was de eis mavo D, of vmbo-theoretische leerweg. Maar een aantal jaar geleden heeft de minister bepaald dat je meteen met niveau 4-verpleegkundige mag beginnen als je vmbo-kaderberoepsgerichte leerweg hebt gedaan.

Carla gaat de laatste fase van haar carrière in. Ze gaat

nog steeds met plezier naar het werk. 'Ik heb veel van u geleerd,' zei laatst weer een leerling tegen me op de diploma-uitreiking. Daar doe je het toch voor.'

Paul en Marc Verbraak

Onderwijzer wordt directeur praktijkscholen, en praktijkopleider van gezondheidszorgpsychologen

Ook in de familie Verbraak zijn nieuwe generaties docenten hun ouders en grootouders opgevolgd. De interesse in onderwijs als beroep werd al jong aangewakkerd bij de kinderen van Piet en Wiesje. In de herinnering van zonen Paul en Marc Verbraak vertelde hun vader thuis regelmatig over school, over studenten en later over bestuurlijke vraagstukken. Hij nam de kinderen vaak mee naar school, ook in de vakanties. Hij vertelde eens dat hij zijn eigen kinderen als voorbeeld had gebruikt in de klas. Dat viel minder goed thuis. Paul, de tweede van de drie zonen in het gezin, vond het werk van zijn ouders altijd al wel interessant. Vanaf de derde klas viel zijn moeder Wiesje regelmatig in als vervanger voor zieke leerkrachten. 'Ik schaamde me in eerste instantie kapot maar de andere kinderen ontvingen haar met gejuich.' Daarna wilde hij het onderwijs in. Ook opa Jan had hier een rol in gespeeld. Opa was altijd vervuld met trots door het uitoefenen van zijn vak.

Paul ging na de basisschool naar de havo-vwo-brugklas aan het Titus Brandsma Lyceum (TBL). Titus Brandsma had zelf nog in 1923 het initiatief genomen voor de oprichting van de school, toen nog onder de naam Carmelcollege, gerund door de paters Karmelieten. Brandsma was een Karmelietenpater die bekendheid verwierf met initiatieven voor de katholieke emancipatie, onderwijs en journalistiek. Brandsma werd in 1942 door de nazi's in kamp Dachau vermoord.

Paul was nog 'te speels' voor havo-vwo. Na de brugklas maakte hij eerst een overstap naar de mavo Sint-Jan in Oss. Daarna haalde hij alsnog het havodiploma op het TBL, als instroombewijs voor de pedagogische academie voor het basisonderwijs (pabo). Wat vanaf 1816 lange tijd kweekschool of normaalschool werd genoemd, de opleiding tot onderwijzer, veranderde met de Mammoetwet van 1968 tot pedagogische academie (pa). Met de Wet op het basisonderwijs, waarbij kleuteronderwijs en het lager onderwijs in elkaar werden geschoven, volgde in 1985 de integratie van de opleiding voor kleuterleidsters (KLOS). De pa werd een hbo-opleiding en omgedoopt tot de pabo. Aanvankelijk was Pauls pabo nog een zelfstandige school in Den Bosch, later geïntegreerd in Fontys. Paul herinnert zich de pabodocenten als aanvankelijk zeer traditioneel en schools. Met een controle van de namenlijst aan het begin van de les. Onderwijs was frontaal en klassikaal. Het voelde als een traditionele verlengde voschool. Het TBL was vooruitstrevender en deed al een groter beroep op de eigen verantwoordelijkheid, aldus Paul. Op basisscholen was men al veel verder met vernieuwing. Pabostudenten weigerden soms examens te maken vanwege de slechte voorbereiding die ze hadden gekregen. De studenten voelden zich proefkonijnen. De samenvoeging van pa en KLOS kostte veel tijd en energie en de kwaliteit van de opleiding sukkelde erachteraan. De oud-docenten van de KLOS gaven ook fröbellessen, iets waar veel jongens op afhaakten.

De opleiding ging Paul makkelijk af. Hij leerde veel van de stages die hij liep. Hij schreef in 1988 een scriptie over hoogbegaafdheid, een onderwerp waar toen nog niet veel aandacht voor was. Op de pabo zaten veel meisjes en weinig jongens. De jongens die eraan begonnen haakten veelal onderweg af. Een situatie die sindsdien zeker niet verbeterd is. In de jaren tachtig speelde de hoge jeugdwerkloosheid de studenten parten. Van de 55 die met Paul afstudeerden, hadden er na een jaar slechts vijf werk in het onderwijs. De rest kwam niet aan het werk in het onderwijs of was al afgehaakt. Na de opleiding moet Paul zich melden in Hollandsche Rading voor het vervullen van zijn militaire dienstplicht. Hij kon bij de geneeskundige troepen een officiersopleiding doen. De Berlijnse Muur was net gevallen, en het gevoel van nut en noodzaak was daarmee verdwenen. Na drie maanden kon Paul alsnog aan de slag in het onderwijs.

Zijn eerste baan was als invaller op de Nutsschool Noord, in groep 8 met 32 leerlingen, in Den Bosch. De school was onderdeel van de Maatschappij tot Nut van 't Algemeen, samen met acht andere scholen. Deze Maatschappij had een boeiende geschiedenis. Ze was opgericht in 1784 als landelijke vereniging met plaatselijke departementen ten behoeve van individuele en maatschappelijke ontwikkeling door middel van kennis. ''t Nut' werd de grondlegger voor de Nutsspaarbanken, Nutsverzekeringen, Nutsscholen en -volksuniversiteiten. Nutsscholen behoren tot het bijzonder onderwijs. Soms zijn ze lokaal gefuseerd met de openbare school.

De voorbereiding voor de Cito-toets vroeg alle aandacht. Maar in Den Bosch had je een eigen 'Bossche schoolvorderingstoets'. Gemaakt door docenten en schoolhoofden zelf. De lat lag hoog. De school was erg prestatiegericht.

De tweede baan, opnieuw als invaller, was op de mlk-school in Den Bosch, voor moeilijk lerende leerlingen van acht à negen jaar. Sociaal zeer zwakke kinderen, stuiterend door het klaslokaal. Daarna als invaller op de mlk-school in Oss, met veel kinderen van het woonwagenkamp.

Toen de directeur van de Nutsschool Noord vroeg of hij weer terug wilde komen, in deeltijd, kon hij het combineren met een dag in de week aan de mlk-school in Den Bosch. Het jaar daarna solliciteerde hij en werd aangenomen op De Madelief, een andere Nutsschool in Den Bosch, waar hij negen jaar zou blijven.

Maar zoals de familietraditie wil, een opleiding is nooit af. Dus naast zijn baan als onderwijzer ging Paul, met de ambitie schoolleider te worden, verder studeren. De toen pas gestarte schoolleidersopleiding Magistrum was niet toegankelijk voor docenten. En dus koos Paul de hogere kaderopleiding pedagogiek in Eindhoven. Richting onderwijskunde, daarbinnen onderwijs en management. Veel mannen om hem heen klaagden in die tijd. Te weinig salarisperspectief. Niks anders kunnen. Vooral bezig met de vraag: 'Hoelang moet ik nog tot mijn pensioen?' Dat wilde Paul in elk geval vermijden.

Daarom stuurde hij een brief aan het bestuur van 'de Maatschappij' om zijn ambities om schoolhoofd te worden, kenbaar te maken. In 1998 is er een vacature en wordt hij, begin dertig, directeur van De Aastroom, een school in 'aandachtsgebied' de Graafsewijk/Aawijk. 'Aandachtsgebied' betekende een wijk met problemen. In december 2000 waren er drie dagen lang rellen die de landelijke media domineerden. Uiteindelijk betekenden de rellen extra geld voor de nieuwbouwplannen van de school. Het werd een gebouw voor twee scholen tegelijk. Voor openbare school De Plataan en Nutsschool De Aastroom. Het werd een brede school. De beide teams en Paul wilden de twee scholen volledig laten fuseren maar de bestuurders van de Nutsschool wilden dat niet. Hij mocht wel directeur worden van twee scholen met de rug naar elkaar toe maar dat wilde hij niet. Uiteindelijk kregen de teams hun zin en werd toch gekozen voor een soort samenwerkingsschool. Met een deel van de medewerkers op de loonlijst van het openbaar onderwijs en een deel op de loonlijst van de Nutsschool. Maar daartegen kwam de onderwijsinspectie in het geweer want het was in strijd met de wet. Het zou nog jaren duren voor er een wettelijke regeling kwam voor samenwerkingsscholen. Staatssecretaris Adelmund kwam de school bezoeken: 'Hou vol, ook al mag het niet.' Er volgde een hoorzitting op het ministerie, waarna de inspectie werd teruggefloten.

Pauls doel was de nieuwe school weer een goede naam te geven. Vanaf 2001 ook echt onder een nieuwe naam, Het Rondeel. In 2004 diende de school het zelf ontwikkelde project 'de Uitdaging' in voor de Nationale Onderwijsprijs en kreeg het opnieuw bezoek; deze keer van onderwijsminister Van der Hoeven. In 2005 kreeg de school de Nationale Onderwijsprijs.

In 2008 vertrekt Paul naar E&S, een onderwijsadviesbureau, als interim-bestuurder. Na een aantal jaren kruipt het onderwijsbloed toch weer waar het niet gaan kan. Paul wordt directeur van de scholen voor het praktijkonderwijs eerst in Wijchen en Boxmeer en later in Nijmegen. In de wet stond dat dit onderwijs bedoeld is voor leerlingen die geen vmbo-diploma kunnen halen. Maar dat is Paul veel te negatief geformuleerd. In de wet staat ook niet dat de havo bedoeld is voor leerlingen die het vwo niet kunnen halen. Het ambitieniveau in en de verwachtingen voor het praktijkonderwijs waren veel te laag. Dit type voortgezet onderwijs kwam voort uit het vso-mlk, voortgezet speciaal onderwijs voor moeilijk lerende kinderen. Vanaf 1997 heet het praktijkonderwijs, met vakeisen en veel aandacht voor stages. Het automatisme dat de leerlingen in een uitkering voor jonggehandicapten, de Wajong-regeling, terechtkomen of het beeld dat ze weinig kunnen moet worden doorbroken. De instroom in de Wajong is tussen 2003 en 2015 steeds verder opgelopen en neemt nu weer af. De laatste jaren stroomt van Pro College regio Nijmegen meer dan 50 procent uit naar een roc-niveau 2-opleiding, waarvan zo'n 10 procent in combinatie met werk. Van de overige 50 procent stroomt het merendeel door naar regulier werk.

Pauls broer Marc zou ook in het onderwijs terechtkomen. Dat was niet zijn bedoeling. Hij had interesse in geschiedenis en archeologie. Tegen de tijd dat het eindexamen vwo dichterbij kwam, kwam de vraag naar de vervolgstudie vaker op. Uiteindelijk viel geschiedenis af, 'want dan word je leraar!' Maar Marc had geen idee wat wel. En dus ging hij 'breed'. Op het Titus Brandsma had hij gymnasium bèta met een achtste vak gedaan. Het werk van zijn vader in de zwakzinnigenzorg had wel invloed op de keuze voor psychologie. Hij wilde meer weten van hersenen en gedrag. Dus het werd psychologie in Nijmegen. Maar hij wilde in elk geval geen psychotherapeut worden. De studie ging hem gemakkelijk af. Het was de tijd van de 'tweefasenstructuur', een vierjarige academische opleiding waar je zes jaar over mocht doen. Als tussenrichting koos hij neuropsychologie en revalidatie. Tijdens zijn stage in een ziekenhuis in Kerkrade, op de afdeling klinische psychologie, kreeg hij het advies om naast de neuro- en revalidatiepsychologie óók af te studeren in de richting klinische psychologie.

Na het afstuderen en de dienstplicht, mocht hij gaan werken bij de hoogleraar die zijn scriptie had begeleid, op de afdeling psychiatrie van het Reinier de Graaf Gasthuis in Delft. Hij werkte in de polikliniek en startte parallel zijn promotieonderzoek. Niet lang daarna is hij zich ook gaan bezighouden met opleiden, dus toch het onderwijs.

Zo ging hij, na vijf jaar in Delft, in Nijmegen werken als hoofd van de angstpolikliniek van het psychiatrisch centrum. Daar begeleidde hij stagiaires en was hij praktijkopleider van psychologen tot gezondheidszorgpsycholoog. Vervolgens was hij manager bij een private ggz-kliniek die in korte tijd sterk groeide. Maar hij miste het inhoudelijke werk en ging terug naar de praktijkopleiding van een ggz-instelling in Oost-Nederland. Via een paar omwegen werkt Marc nu alweer twaalf jaar als hoofdopleider van de postacademische beroepsopleiding van gezondheidszorgpsychologen. En sinds 2011 is hij ook bijzonder hoogleraar in gezondheidszorgpsychologie. In die rol geeft hij ook college aan studenten. Het onderwijs bevalt hem beter dan hij aanvankelijk gedacht had.

Edwin van den Boom
Van bankier tot docent op het roc

Twee kinderen van Paul van den Boom hebben zijn voetsporen gevolgd in het onderwijs. Zijn dochter Christianne werkt als lerares op een basisschool en zijn zoon Edwin is, na jaren in het bankwezen, docent geworden aan zijn vaders roc, Gilde Opleidingen.

Edwin ging na de lagere school naar atheneum A, met economie I en II, beïnvloed door zijn vader die economische vakken doceerde, om daarna economie te gaan studeren in Maastricht. Na twee jaar maakte hij de overstap naar het heao, ook omdat het studentenleven van Maastricht wel erg gezellig was. Hij ging hbo commerciële economie studeren aan het heao in Sittard, nu onderdeel van Zuyd Hogeschool. Tijdens zijn derde jaar liep hij stage bij de Nederlandse Middenstandsbank (NMB) en dat werd de start van een carrière in de financiële sector. Na vier jaar bij NMB, volgden enkele jaren als zelfstandig financieel adviseur en vervolgens zeventien jaar bij de Rabobank. Niet als gevolg van de financiële crisis maar na een moeilijke periode in zijn privéleven kwam bij hem de vraag op wat hij nog met de resterende jaren van zijn werkzame leven wilde doen.

Op zijn dertiende had hij wel eens de gedachte 'misschien is het wel leuk achter dat bureau van die docent te zitten'. Hij dacht toen aan biologie of geschiedenis. Vader sprak niet over zijn werk maar Edwin zag hem daar natuurlijk wel altijd mee bezig. Een tante was docente aan een lomschool, een school voor kinderen met leerachterstanden en opvoedingsproblemen. Zij vertelde wel over het onderwijs en wat ze meemaakte met leerlingen als Edwin bij haar logeerde in de zomer. Er was een docent geschiedenis die beeldend kon vertellen en de leerlingen handig kon sturen. Een economiedocent, collega van vader op de avondschool, stimuleerde dat Edwin economie ging studeren.

Jaren later, inmiddels 48 jaar, raakte hij in gesprek met de directeur van zijn oude school, waar inmiddels ook zijn dochters op zaten. Dat was het startpunt van een radicale verandering in zijn carrière. Hij begon met een lerarenopleiding via het 'maatwerktraject' bij Fontys-lerarenopleiding in Sittard. Als je eerdere opleiding en ervaring aansluit bij de gekozen richting mocht je een verkort traject volgen. Edwin kon zo tweedegraads docent worden en dus bevoegd voor havo-vwo (onderbouw), vmbo, en mbo. Hij kreeg vrijstelling voor theorievakken, maar de stageperiodes horen er gewoon bij, op een middelbare school en in het mbo. Hij deed deze omscholing een jaar lang naast zijn werk bij de Rabobank, waarna hij vertrok en solliciteerde bij Gilde Opleidingen. Wanneer ik hem spreek is hij 52 en staat drie jaar voor de klas.

Het onderwijs gaf hem in eerste instantie een behoorlijke cultuurschok. In de bankenwereld zijn heel veel regels en controle: compliance is een dominant begrip geworden. Dat bleek in het onderwijs wel anders.

Er wordt ook meer geklaagd dan in zijn vroegere werkomgeving, bijvoorbeeld over een uurtje meer of minder werk. Dat op de strepen staan was hij niet gewend.

Edwin is nu docent commerciële vakken. Hij moest in zijn eerste jaar meteen negen verschillende vakken doceren. Hij maakte in het begin aanhoudend lange dagen, van halfnegen 's ochtends tot halftwee 's nachts, om de vakken voor te bereiden. Zoals hij zelf zegt, legt hij de lat hoog voor zichzelf, maar dat het begin zwaar is, geldt voor heel veel beginnende docenten. Eén op de vijf startende docenten stopt binnen enkele jaren. Hoewel hij altijd terechtkan bij collega's voor hulp, redt Edwin het vooral op eigen kracht.

Zijn studenten zijn tussen de zestien en twintig jaar. Ze vragen nog veel begeleiding. Hun niveau van taal en rekenen valt tegen. Ze komen binnen vanuit het vmbo, van kader tot theoretisch, en een enkeling komt van de havo. Dat vergt veel aandacht. Hij moest inzicht krijgen in wat er speelde. Het bleek dat leesvaardigheid een probleem is: de rekenvragen zitten vaak verpakt in verhaaltjes. Het gewone rekenen, rechttoe rechtaan sommen, die gaan redelijk. Maar in zijn vakken moet gerekend worden met omzet, bruto en netto, inflatie en rente. Dan is taligheid een drempel. Edwin laat zijn leerlingen veel praten in de klas om de taligheid te stimuleren. Maar het is een beroepsopleiding

Er is wel Nederlandse les, zowel generiek als beroepsspecifiek. Twee docenten Nederlands met een NT2-achtergrond helpen daarin mee.

De opleiding staat in Venlo-Zuid, 23 studenten van elf nationaliteiten inclusief vluchtelingenkinderen. In veel gezinnen wordt thuis geen Nederlands gesproken.

Studenten kunnen soms zeer voor de hand liggende dingen niet. Dat kost veel tijd om dat alsnog te leren, om de basis op orde te brengen.

Vooral veel jongens kozen de commerciële richting zonder dat ze daartoe erg gemotiveerd waren: er moest toch iets gekozen worden.

Hij moet ze altijd bij de les houden. Maar dat maakt het juist zo interessant. Het is heel leuk om de ontwikkeling van de jongeren te zien. Ook nadat ze van de opleiding af zijn. Een aantal, ongeveer één op de vijf, gaat hbo doen, bijvoorbeeld internationale business. De overige gaan aan het werk. Via LinkedIn volgt hij ze. Oud-studenten leiden nu weer stagiairs op of geven gastlessen.

Edwin vertelt me dat zijn eigen opleiding nog 'van de oude stempel' was. Frontaal onderwijs, klassikaal kennis overdragen aan de leerlingen. Tegenwoordig heeft onderwijsinnovatie veel aandacht. Maar het belang van kennis verwerven en het verwerven van basisvaardigheden moet naar zijn overtuiging aandacht blijven krijgen. Er moet een stevige basis zijn om je nieuwe dingen eigen te maken. Prima om studenten dingen zelf te laten uitzoeken maar we moeten daar niet in doorschieten. Zo wordt door corona het onderwijs op afstand gegeven. Een deel van de studenten kan daarmee omgaan maar een deel ook echt niet. Meisjes beter dan jongens. Er moet urgentie worden gevoeld, anders versloft de inzet. Edwin heeft tijdens die lockdownperiode steeds al het huiswerk van commentaar voorzien, hij heeft erbovenop gezeten, maar dat is voor alle vakken niet vol te houden. Docenten moeten inspireren en dat is op afstand echt lastiger. Intrinsieke motivatie ontstaat als studenten gaan begrijpen waarom ze dingen moeten leren en dat dat ook leuk is. Verhalen uit de praktijk helpen het beeld vormen van het waarom. Hij is blij als hij de leerlingen die er wat minder goed voor staan, weer kan lesgeven in de klas.

Gilde heeft nu circa tienduizend studenten en ruim 1100 personeelsleden. Er zijn meerdere locaties, waaronder drie in Venlo. Maar bestuurlijk gezien is het groot met de bekende nadelen. Er zijn nu initiatieven om er een managementlaag tussenuit te halen. Edwin geeft les op een vaste locatie in Venlo. Ook zijn studenten volgen al hun vakken op één locatie. Zij merken daardoor niets van de bestuurlijke schaal.

Wat hem in positieve zin opvalt is de wil om te professionaliseren. Gilde levert studenten af aan de regionale arbeidsmarkt en moet dus voeling houden met het bedrijfsleven. Zo zijn er gezamenlijke projecten voor opleiding tot junior-accountmanager, kunnen de leerlingen leren een eigen bedrijf op te zetten en een marktsegment te bedienen. Er wordt veel aandacht besteed aan de aansluiting bij de hedendaagse praktijk. Edwin is zelf businesspartner vanuit Gilde, accountmanager voor bedrijfsleven uit de regio, zodat zij een aanspreekpunt hebben. Om zo behoeften te peilen en zo mogelijk gezamenlijk aanvullende opleidingen te ontwikkelen.

Edwin was permanente educatie gewend in de financiële sector. In het onderwijs bestaat dat niet. Maar jaarlijks in de functioneringsgesprekken wordt wel gevraagd naar verdere scholingsplannen. Gilde biedt opleidingen aan maar je mag ook zelf een opleiding kiezen en volgen. Middelen daartoe zijn beschikbaar. Maar het gebeurt lang niet altijd. Er ligt altijd veel werk, veel administratie te wachten.

Edwin beschrijft zijn overstap zelf zo: 'Ik ben in het familiebedrijf gestapt, zo voelt het.' Hij heeft tijdens de lerarenopleiding stage gelopen bij Gilde dankzij een contact van zijn vader Paul, die al zestien jaar met pensioen is. Vader en zoon hebben nog nooit zoveel met elkaar gesproken als de laatste paar jaar. Paul blijft zeer geïnteresseerd in onderwijs. Edwin: 'Ik begin nu ook te voelen wat mijn vader voelde voor het onderwijs. Een lot uit de loterij.'

Fabiënne Kop

Vanuit de praktijk docent juridische vakken en trajectbegeleider geworden op een roc

Mijn nicht Fabiënne is de dochter van tante Leny, de oudste zus van mijn moeder. Hoewel haar ouders, zeer uitzonderlijk in onze familie, niet in het onderwijs zaten, wilde Fabienne van jongs af aan onderwijzeres worden. Aan het einde van de middelbare school was dat nog steeds zo maar er waren inmiddels ook een paar praktische bezwaren. Zo was de pabo in Helmond, veel te dicht bij haar ouders, terwijl Fabienne in elk geval op kamers wilde. Ook was in die tijd de arbeidsmarkt niet best voor onderwijzers. En zo werd het de Academie Mens-Arbeid (AMA) in Tilburg. Deze opleiding zocht in 1984 aansluiting bij Katholieke Leergangen en is tegenwoordig onderdeel van Fontys Hogescholen. Ze koos de richting personeelswerk en werkte de eerste tien jaar van haar carrière in arbeidsbemiddeling. Daarna voor achtereenvolgens Riagg, Jeugdzorg en een thuiszorgorganisatie als hoofd personeelszaken.

Na een periode van bevallingsverlof, inmiddels begin veertig, was de tijd rijp voor Fabiënne om terug te keren naar haar jeugdpassie, het onderwijs. Haar onderwijsbevoegdheid was verouderd maar werken in het beroepsonderwijs kon wel. Als tijdelijke ziektevervanging gaat ze aan de slag om het vak personeelsmanagement te geven op de vmbo-mbo-scholengemeenschap De Rooi Pannen in Tilburg. Na verloop van tijd kon ze daar volledig gaan werken. Het voelde als een warm bad en ze genoot ervan om les te geven. Nadat ze de kans kreeg docent te worden bij het ROC Nijmegen, in haar woonplaats, werd ze daar docent juridische vakken. Het was soms ook pittig om voor de klas te staan. Ze had geregeld jongens in de klas die van haar als vrouw niet vanzelf het gezag accepteerden. Zo kon een eenvoudige opdracht als het openslaan van studieboeken soms worden genegeerd. Ze heeft er in die tijd veel met collega's over gesproken. Hoe pakken jullie dat aan? Ze moest in die tijd ook haar pedagogisch-didactische bekwaamheid halen. Toen haar beoordelaar eens een les van haar bijwoonde, gedroeg de klas zich voorbeeldig. Toen wel. De motivatie van de leerlingen werd vaak veel beter na de stage in leerjaar 3. Eerstejaars zijn soms nog piepjong en moeten al een opleiding en dus een beroep kiezen. Sommigen zijn daar nog helemaal niet aan toe. Na het eerste jaar willen er veel switchen maar dat kan niet zomaar. De meeste opleidingen hebben slechts één keer per jaar een instroommoment.

Het tekort aan stageplekken is nog altijd een flink probleem, behalve in de sector techniek. Om de leerlingen toch stage te laten lopen wordt de stageplek nagebootst op school. Zo heeft het ROC Nijmegen een bakkerij, een café-restaurant en een kapsalon waar ik als minister nog een keer door een student ben geknipt. Maar de zorg nabootsen op school lukt niet. Zo zit er nu een stop op de opleiding tot doktersassistent omdat er in de regio maar zestig stageplekken zijn. Voor verpleging niveau 4 is er ook een groot tekort aan stageplekken in ziekenhuizen. Studenten verpleegkunde mogen blij zijn als ze één keer in hun opleiding een ziekenhuisstage mogen volgen.

Na een aantal jaren docent te zijn geweest, krijgt Fabiënne compleet onverwacht een herseninfarct. Ze wordt met gillende sirenes naar het ziekenhuis gebracht. Ze krijgt meerdere verlammingsaanvallen. Het zou het einde van haar docentschap betekenen. Na haar revalidatie wilde ze weer voor de klas. Ze werd beter verklaard maar stortte na zes weken weer in. Het ging niet. Een lange periode in de ziektewet volgde. Na ongeveer twee jaar is ze teruggekeerd in de functie van trajectbegeleider. Een functie die ze nu alweer tien jaar vervult. Aanvankelijk bleef ze de rol van docent vreselijk missen. Maar uiteindelijk heeft ze de knop omgezet.

Binnen het roc krijgt de individuele begeleiding op sociaal gebied en zorg veel aandacht. Er zijn studieloopbaanbegeleiders, oftewel mentoren. Daarnaast is er een expertisecentrum. De loopbaanbegeleider kan leerlingen doorsturen naar de trajectbegeleider. Op de circa tweeduizend studenten zijn er achttien trajectbegeleiders. Fabiënne doet dit werk specifiek voor de 'assistenten gezondheidszorg'. Ze zet trajecten uit voor de leerlingen en kan doorverwijzen naar het expertisecentrum van de school, met schoolarts, verpleegkundige, financieel adviseur, trainers voor sociale vaardigheden en schoolmaatschappelijk werk. Dus zeer intensieve zorg en begeleiding. Sommige studenten zijn nauwelijks in staat onderwijs te volgen vanwege alle problemen thuis. Het gaat om maatwerktrajecten, bijvoorbeeld verlenging van de opleiding, om uitval te voorkomen. In plaats van drie jaar wordt het dan vier jaar. Of de stage wordt teruggebracht van 32 naar zestien uur.

Wat het werk leuk maakt is het overleg met de mentoren. Door corona is het werk wel heel lastig te doen. De leerlingen die ze al kent kan ze volgen en begeleiden. Maar met 'nieuwe' zorgleerlingen is het heel lastig. De afstand is in veel opzichten een probleem. Alleen klokkijken is al lastig. Discipline ontbreekt soms. Of er is geen rust thuis. Als er sprake is van veelvuldig verzuim, dan is er meestal wat meer aan de hand en zoekt ze actief contact met deze leerling. Soms volgen gesprekken met leerlingen en hun ouders. Veel ouders hebben geen idee hoe het gaat. Als de leerlingen boven de achttien jaar zijn, wordt er geen informatie meer gedeeld met ouders. Vroeger kon je dan vanuit school het vaste nummer bellen en kreeg je toch vaak een van de ouders aan de lijn. Maar dat komt steeds minder voor.

Fabiënne wil nog zeker vijf jaar door. De laatste jaren krijgt ze steeds meer collega's die van de leeftijd zijn van haar oudste kinderen. Ze krijgt een andere, informele rol: ze adviseert nieuwe jongere collega's. Dan vindt ze het leuk om haar levenservaring te kunnen inzetten en over te brengen aan de nieuwe generatie. Bijvoorbeeld relativeringsvermogen en begrip voor de omstandigheden van de jongeren. Twee van haar kinderen zijn al aan het werk. Een van haar dochters, Sacha, is verpleegkundige en jobcoach van stagiaires van het roc waar Fabiënne werkt.

DE VIERDE GENERATIE

Tamara Dijsselbloem
Door stapelen van vmbo, mbo en hbo, nu leraar zorg en welzijn op het vmbo

Tamara Dijsselbloem is het kleinkind van mijn oom Jacques en tante Thea.

Nadat het onderwijsgen in deze tak van de familie één generatie heeft overgeslagen, is het bij Tamara weer volop aanwezig. Als ik Tamara spreek, is ze thuis aan het werk vanwege de corona-uitbraak.

Ze geeft les vanuit huis maar ze doceert een praktijkvak, zorg en welzijn. Normaal gaat dat in blokken van vier uur, twaalf uur per week, maar nu is het beperkt tot theorie, gedurende een uur per week.

Tamara is docent zorg en welzijn op een vmbo-school in Almelo. Deze school is onderdeel van de scholengemeenschap Pius x die valt onder het bestuur van de stichting Carmelcollege. Carmel is verantwoordelijk voor middelbaar onderwijs voor circa 35.000 jongeren op bijna vijftig onderwijslocaties.

Tamara heeft zo lang ze zich kan herinneren 'juf' willen worden. Haar onderwijscarrière begon op de basisschool in Apeldoorn. Ze is er onlangs nog terug geweest. Er was dertig jaar later vrijwel niets veranderd. Het gebouw en het interieur waren hetzelfde, en enkele leraren waren er ook nog. De aanwezigheid van de bso en de nieuwe digiborden lieten toch verandering zien. Ze heeft goede herinneringen aan de school, met name aan een juf. Dat ze al rond haar achtste kenbaar maakte leraar te willen worden, kwam niet door opa en oma, hoewel die toch heel hun leven voor de klas stonden. Ze hadden het er wel over. Zo hadden ze stapels stickers in huis voor in de schriften van leerlingen als ze hun werk netjes af hadden. Met die stickers togen Tamara en haar broertje dan weer naar huis. Dat school belangrijk was, was wel altijd voelbaar. De vraag 'hoe is het op school?' werd nooit overgeslagen.

Na de basisschool volgde het vmbo aan het Veluws College, locatie Mheenpark in Apeldoorn, een katholieke school, maar die denominatie deed er weinig toe. Tamara was goed in rekenen en wiskunde. Het viel haar op hoe verschillend de docenten waren. Eén docent wiskunde was erg goed, anderen waren dat duidelijk niet. Dat motiveerde haar om docente wiskunde te willen worden, maar eerst maakte ze in vier jaar de theoretische leerweg af met een extra vak. Daarna koos ze voor het mbo en niet de havo omdat ze dicht bij de praktijk wilde blijven. Het werd de opleiding tot pedagogisch medewerker aan het ROC Aventus in Apeldoorn. De benaming roc is daar inmiddels weer vervangen door mboschool.

In dezelfde periode heeft ze ook een havocertificaat Wiskunde A gehaald via het vavo. Vavo staat voor voortgezet algemeen volwassenenonderwijs. Ondanks het feit dat het certificaat werd bemachtigd, besluit ze haar ambitie om wiskundedocent te worden los te laten. Maar het onderwijs laat ze niet los. Ze gaat verder en begint aan een opleiding toerisme aan Saxion Hogescholen in Deventer. Maar de sector toerisme grijpt haar duidelijk niet. Een jaar later stapt ze alsnog over naar hogeschool Windesheim in Zwolle waar ze de lerarenopleiding zorg en welzijn gaat volgen.

Waar het mbo niet uitdagend was met weinig contacturen, bood het hbo veel meer en betere begeleiding. Ze kijkt kritisch terug op de overgang van mbo naar hbo. Als je minder zelfstandig bent, en dat geldt voor veel leerlingen, dan is die overgang erg groot.

Het niveau is, in vergelijking met haar eigen vmbo-periode, naar haar indruk echt gedaald. Ze geeft nu les aan klassen op basis- en kaderniveau. Wat vooral opvalt, is hoeveel leerlingen 'iets' hebben. Ze hebben verschillende soorten aandacht nodig. Veel van de kinderen op de basis- en kaderopleidingen van het vmbo ontberen ondersteuning van hun ouders, bijvoorbeeld omdat deze zelf geen onderwijs in Nederland hebben gevolgd.

In de klas hebben de docenten te maken met gedragsproblemen, motivatieproblemen die soms tot spijbelen leiden, of autisme. Daar was wel aandacht aan besteed op de lerarenopleiding maar het bleef erg theoretisch. Een deel van de basisleerlingen zat vroeger op een praktijkschool maar de laatste jaren wordt sterk gestimuleerd dat zo veel mogelijk kinderen meedoen in het reguliere onderwijs. Een ambitie die Tamara ook steunt. Maar het maakt de klas nog complexer. Slechts weinig van de basisleerlingen gaan daarna op voor het kaderdiploma. Dat wordt ook alleen gestimuleerd als er voldoende motivatie is. En juist daaraan schiet het vaak tekort. Veel van haar leerlingen weten nog niet wat ze willen, of kunnen. Vaak kiezen ze daarom wat hun het makkelijkst lijkt. En dat is meestal zorg en welzijn. Nauwelijks een gemotiveerde keuze, dus. Mogelijk speelt mee dat ze al vroeg moeten kiezen, al aan het einde van hun tweede jaar.

Haar passie voor rekenen en wiskunde sluimert ondertussen. Ze betreurt het dat het vak ondersteunend rekenen niet meetelt voor het zakken of slagen. Het cijfer komt wel op de cijferlijst. Maar dat motiveert leerlingen niet om hun best te doen. 'Erg jammer dat de rekentoets weer is verdwenen: ze hebben rekenen nodig!' Het simpel omrekenen van deciliters naar milliliters leidt bij de zorgleerlingen steeds weer tot vragen. Niet verplicht? Dan niet gemotiveerd.

Tamara staat nu drie jaar voor de klas op het vmbo. De eerste jaren voor jonge docenten zijn niet eenvoudig. Vooral het zeker zijn van jezelf voor de klas kost tijd. De leerlingen snuiven het op als je onzeker bent. De begeleiding was voor Tamara wel goed geregeld. Ze kreeg een coach en vaste begeleidingsuren. Maar het startpunt was moeilijk. Er was weinig structuur laat staan discipline. Alles leek te kunnen en juist dat had weinig gemotiveerde leerlingen aangetrokken. Het heeft twee jaar gekost om dat weer om te keren.

Er is ook intervisie voor startende docenten. En ontwikkeltijd, waar recht op bestaat dankzij de cao. Maar het is uiteindelijk aan jezelf of je daar gebruik van maakt om een opleiding of cursus te volgen. En juist de eerste jaren heb je daar de tijd noch de energie voor. Toch zou Tamara het goed vinden wanneer ook leraren de plicht zouden hebben zich regelmatig bij te scholen, zoals in andere beroepsgroepen heel normaal is. Maar daar moet dan wel tijd voor zijn. Over haar salaris zul je Tamara niet horen en ook de administratieve taken vindt ze eigenlijk normaal. Gewoon bijhouden wat je doet en hoe het gaat, helpt jezelf als docent immers ook.

Op mijn vraag waar ze zichzelf over tien jaar ziet, zegt ze met stelligheid: 'In het onderwijs.' Leerlingen iets meegeven voor hun hele verdere toekomst, motiveert haar elke dag. En wat hoopt ze dat dan verbeterd is in het onderwijs?

‘De mentaliteit van leerlingen én hun ouders. Minder prinsesjes, meer steun voor wat de docent probeert te bereiken met hun kinderen.’

Lotte Verbraak
Van de pabo direct aan het werk in het basisonderwijs

De onderwijstak in de familie Van den Boom-Verbraak blijft doorgroeien. Pauls dochter, Wiesjes kleindochter Lotte, nu twintig jaar, studeerde begin 2020 af aan de pabo, onderdeel van de Hogeschool Arnhem-Nijmegen (HAN), in Nijmegen. Sinds kort wordt de opleiding gecombineerd met de lerarenopleiding alo, lichamelijke opvoeding, om zo meer jongens aan te trekken. Ik heb Lotte beter leren kennen toen zij mij, als onderdeel van haar stage, vroeg als ‘gastdocent’ op basisschool De Tweestroom in Altforst, in het Land van Maas en Waal.

Lotte wilde altijd al ‘juffrouw’ worden. Haar vader zat in het onderwijs. Ze deed eerst de mavo maar heeft meteen een tweede taal gekozen om de overstap naar de havo te kunnen maken. Na de havo behoorde zij tot de eerste jaargang studenten die toetsen moesten afleggen om toegelaten te worden tot de pabo. Mbo’ers, die de opleiding onderwijsassistent hadden gevolgd, moesten drie toetsen doen, vwo’ers geen. Havoleerlingen moesten de toetsen doen in die vakken waarin ze geen eindexamen hadden gedaan. De eisen zijn duidelijk aangescherpt ten opzichte van de tijd dat haar vader op de pabo zat. Ook het aantal jongens trekt aan, dat wil zeggen dat nu nog maar twee keer zoveel meisjes op de pabo zitten. In Arnhem studeerden in 2018 voor het eerst meer jongens af.

Vanaf haar eerste jaar liep Lotte al stages. Eerst in groep 1 en 2. Maar nu vindt ze de bovenbouw interessanter. Ze besprak tijdens haar opleiding haar ervaringen met haar vader. Paul vertelde vroeger thuis al over zijn scholen en nam de kinderen ook wel mee naar school, ook op schooldagen. En bij speciale gelegenheden. Tijdens haar stages ervaart Lotte al hoe mondig kinderen en hun ouders zijn. Ouders zijn over het algemeen goed opgeleid, zijn misschien daardoor kritischer. Lotte speelt daarop in door hen goed te betrekken bij de ontwikkeling van hun kind. Een schaduwkant is er ook: automatisch respect voor de leraar is er niet altijd.

Lottes interesse gaat nu al verder. Tijdens haar opleiding vertegenwoordigde ze als 'studentadviseur' de studenten wekelijks in de vergaderingen van het managementteam en de faculteitsraad. Ze merkte daardoor dat ze ook de organisatie en de bestuurskamer interessant vindt. Ze verwacht dan ook dat ze niet alleen maar voor de klas zal staan. Maar ze vindt zichzelf nog jong en is nog lang niet uitgeleerd. En ze praat vaak met haar oma Wiesje over haar werk in het onderwijs. Wiesje vertelde dat ze onlangs in het ziekenhuis lag en de vraag kreeg: 'Wilt u gereanimeerd worden?' Dat vond ze een lastige vraag. Tot ze de vraag omdraaiden: 'Waarom zou u gereanimeerd willen worden?' Daarop was haar antwoord helder: 'Omdat ik Lotte juf wil zien worden.' Dat is gelukt. Lotte is nu met veel enthousiasme leerkracht aan de openbare basisschool De Wijzer in Beneden-Leeuwen.

Vincent Verbraak
Onderwijsassistent en pedagogisch medewerker, op weg naar pabo-alo

Een ander kleinkind van Wiesje, Vincent, deed de mavo in Ravenstein. Zijn ouders zitten beiden niet in het onderwijs. Hij wilde eigenlijk de verpleging in maar werd daarvoor uitgeloot. Hij heeft daarna aan het roc in Veghel, de opleiding tot onderwijsassistent en pedagogisch medewerker gevolgd. Doordat hij op verschillende plekken heeft stage gelopen, heeft hij verschillende manieren van onderwijs leren kennen. Als onderwijsassistent begeleidde hij kinderen buiten de les, vooral de kinderen die moeite hebben met rekenen en taal. Hij ziet dan de vooruitgang die ze individueel maken en dat motiveert hem zeer. Momenteel werkt hij in de kinderopvang/bso en volgend jaar begint hij met de pabo-alo, de opleiding tot basisschoolleraar en sportleraar. Een gemotiveerde leerkracht in wording.

Mijn oudoom Jan, overgrootvader van Lotte en Vincent, overleed in 1983. Wat zou hij trots zijn geweest op zijn nazaten. Jan zei van zichzelf dat hij altijd 'stillekes' zijn taak heeft gedaan. Maar hij heeft geen moment stilgezeten. En zijn kinderen, kleinkinderen en achterkleinkinderen hebben zijn liefde voor het onderwijs overgenomen.

EPILOOG
GROOT ONDERHOUD VEREIST

Dit verhaal, eigenlijk de tientallen verhalen die de vier generaties onderwijzers en leraren mij hebben verteld, laat zien hoeveel er in het onderwijs is veranderd. En veel ten goede. Maar ook hoeveel slingerbewegingen er zijn gemaakt. En hoe sommige discussies zich eindeloos blijven herhalen.

Elke generatie kende zijn eigen onderwijshervormingen. De eerste generatie heeft de wederopbouw van het onderwijs na de oorlog meegemaakt en daaropvolgende snelle groei. Een periode die zou eindigen met de Mammoetwet, de grootste onderwijshervorming in de afgelopen honderd jaar. De tweede generatie kreeg te maken met de basisvorming, met de Tweede Fase met het studiehuis, de start van het vmbo en de aanhoudende fusiegolven die leidden tot grote scholengemeenschappen en roc's. Sinds de 'commissie-Dijsselbloem' is het relatief rustig geweest met onderwijsvernieuwing. De vraag of een beleidsverandering wel 'Dijsselbloem-proof' was, werd na 2008 honderden keren in het parlement gesteld. Volgens sommigen was er zelfs sprake van een 'Dijsselbloem-spook' waardoor alle vernieuwing onmogelijk werd. Maar toch zou onder andere het Passend onderwijs worden ingevoerd, als vervolg op Weer samen naar school.

Niet alleen het beleid veranderde. Ook de maatschappelijke omgeving van de school en de leraar veranderde steeds weer. Het maatschappelijk aanzien van de leraar is achteruitgegaan. Zeker in de laatste jaren*. En toch staan nieuwe generaties op om het stokje over te nemen. Hun motivatie is wel een andere dan twee generaties terug. Voor de eerste generatie was het onderwijs een geweldige kans op een sociale sprong voorwaarts. Voor de tweede generatie was het al meer een keuze en vaak ook gewoon een keuze voor een zeker bestaan. In de latere generaties ligt de motivatie steeds bij de inhoud van het werk. Niet langer het sociale aanzien en gezag, noch het salaris is de eerste motivatie maar het lesgeven aan jongeren.

Er is geen enkele twijfel dat de cruciale factor voor goed onderwijs de gemotiveerde leraar is. In de vele gesprekken die ik voor dit boek voerde, is het leraarschap in al zijn facetten voorbijgekomen. De kansen die het onderwijs bood en biedt aan de leraren zelf. De emancipatie die mede dankzij het onderwijs plaatsvond. De wijze waarmee grote veranderingen in de school werden opgevangen. De frustratie waarmee menig leraar soms tegen beleidsbeton op liep. Van idealisme tot deceptie en weer terug. Met passie en ook veel nuchterheid. En altijd het werken met kinderen en jongeren, hen op weg helpen, als hetgeen de meeste voldoening geeft. Ik ben geen voorstander van de romantiek die soms wordt opgeroepen rond het beroep leraar. Maar de positieve (of negatieve) impact die een leraar kan hebben op de ontwikkeling van kinderen en jongeren is onmiskenbaar groot.

---

* Researchcentrum voor Onderwijs en Arbeidsmarkt (ROA), Universiteit Maastricht, en adviesbureau Ecorys, 2017.

Het maatschappelijk aanzien van het beroep is, naarmate de bevolking gemiddeld beter werd opgeleid, relatief achteruitgegaan. Vaak wanneer de dalende status van de leraar wordt besproken, wordt een koppeling gelegd met de feminisering van het beroep. Was de eerste generatie nog geheel mannelijk, de tweede generatie gemengd totdat de vrouwen bij hun huwelijk werden ontslagen, de derde generatie bestaat bijna geheel uit vrouwen. Bijna 90 procent van de leerkrachten in het basisonderwijs is nu vrouw. Feit is dat veel meer leraren parttime werken. Dat dat relatief makkelijk mogelijk is in het basisonderwijs zal hebben bijgedragen aan de verdere feminisering. Maar verklaart dat het lagere aanzien? Op middelbare scholen is de man-vrouwverhouding in de lerarenkamer veel evenwichtiger en ook hun maatschappelijk aanzien is tanende. Het is wel zo dat de status van leraar in het basisonderwijs nog weer lager is dan die in het voortgezet onderwijs. Dat heeft mogelijk te maken met het samenvoegen van de lagere school en de kleuterschool. Het lesgeven aan de jongste leerlingen staat onterecht in lager aanzien en trok altijd weinig jongens.

Daarnaast speelt zeker het salaris een rol. De laatste jaren trokken de salariseisen van met name de basisschoolleraren de aandacht. Hoewel beiden vaak hbo opgeleid, is er een onverklaarbare salariskloof tussen een leraar in het basisonderwijs en zijn collega in het voortgezet onderwijs. Die dient dan ook snel gedicht te worden. Maar de salariëring is in het hele funderend onderwijs een probleem. Eigenlijk al sinds de harde ingreep in het salarisgebouw in de jaren tachtig is de positie van de leraar financieel en maatschappelijk achteruitgegaan. Lerarensalarissen zijn toen in absolute termen verlaagd en sindsdien achtergebleven bij wat in vergelijkbare beroepen buiten het onderwijs kan worden verdiend. De ontwikkeling van de lerarensalarissen staat al decennia stil, terwijl de onderwijsuitgaven stegen.

Een groot onderzoek van de Amerikaanse onderwijseconoom Eric Hanushek laat zien dat landen die hun leraren beter betalen, betere schoolprestaties zien. Tegenover betere betaling horen uiteraard ook eisen ten aanzien van de professionaliteit en kwaliteit te staan.

Dat begint met de kwaliteit van de opleiding. Toen wij in 2007/2008 ons parlementaire onderzoek afrondden, waren we zeer kritisch over de kwaliteit van de pabo's. Als ergens, zij het laat, het 'nieuwe leren' had toegeslagen dan was het daar. Daar is het nodige aan gebeurd sindsdien, maar slechts zeven van de 24 pabo's krijgen nu het predicaat 'goed'. De rest is voldoende. Maar voldoende is niet goed genoeg. We hebben het hier over een cruciale factor in de kwaliteit van onderwijs. Er zijn toelatingstoetsen gekomen maar deze zijn een lapmiddel in een onderwijsbestel dat niet de juiste kwaliteit aflevert. Wanneer een jongere havo, vwo of mbo 4 met succes heeft afgerond, zou toelating tot het hbo, dus ook tot de lerarenopleidingen, verzekerd moeten zijn. Als we vinden dat de instroom onvoldoende kwaliteit laat zien, dan moeten we ingrijpen op het curriculum en de exameneisen voor het funderend onderwijs. Als studenten nauwelijks meer kunnen rekenen en slecht zijn in taal, dan is het fundament dus slecht gelegd. Het verhogen van de eisen in het voortraject naar en tijdens de lerarenopleiding wordt steeds weer afgewezen vanwege het lerarentekort. Maar het structurele antwoord op dit probleem is dat we het aanzien van het beroep weer moeten verhogen, door er hogere eisen aan te stellen en daar vervolgens ook voor te betalen.

De logica voor een leraar om bij te blijven leren is sterk maar krijgt geen vertaling in de praktijk. De verhalen in dit boek laten zien dat dat vroeger anders was. De eerste generaties in dit boek bleven maar leren: steeds een extra bevoegdheid, steeds een hogere graad. Mogelijk gedreven door de kans op inkomensverbetering. Immers, je kon in salaris stijgen door een hogere akte of bevoegdheid te halen. Nu is dat geen garantie op beter onderwijs maar de kwaliteit van de beroepsgroep als geheel is gebaat bij een lerende cultuur. We praten in Nederland veel en al lang over 'een leven lang leren' maar de sector waar dat het meest voor hand ligt, slaagt er slecht in. We weten veel over wat effectieve onderwijsmethodes zijn voor specifieke vakken of vaardigheden, leeftijden en niveaus. Maar bereikt deze kennis eigenlijk het klaslokaal? En zo ja, wordt deze gedeeld en breed toegepast? Is er een lerende cultuur? Om dat te veranderen moeten de leraren zelf de positie, de kwaliteit en het aanzien van hun beroep willen verbeteren en dat niet overlaten aan de koepels, besturen of vakbonden. Onderdeel van het professionaliseren van de beroepsgroep is dat zij zelf het beroep aan stevige eisen verbindt. Dat zal direct bijdragen aan de beroepstrots en geeft een sterkere titel om de inkomenspositie te verbeteren.

Er is meer nodig om ons onderwijs weer een stijgende lijn te geven. Na de Mammoetwet hadden we een redelijk samenhangend, dekkend en toegankelijk onderwijsstelsel in Nederland. Het met succes afronden van een bepaald schooltype gaf garanties van het bereikte niveau en daarmee toegang tot aansluitende vervolgopleidingen. De overheid heeft een taak om de waarde van het diploma zeker te stellen. Daarom hebben we landelijke toetsen en examens. Wanneer scholen en opleidingen hun uitstroomnormen zelf kunnen bepalen, ontstaat er onvermijdelijk een druk om die lat geleidelijk te verlagen zodat de slagingspercentages hoog genoeg blijven. Als gevolg van die deflatie gaan vervolgopleidingen zelfstandig toelatingseisen stellen. Als de overheid de hoogte van de lat niet scherp bewaakt, verliest het diploma zijn waarde, gaat de samenhang van het stelsel verloren en wordt het steeds moeilijker, zeker voor kinderen die beginnen met een achterstand, om die later al stapelend in te lopen. De willekeur neemt geleidelijk de overhand. Dat is de situatie waarin we nu terechtkomen. Als vervolgopleidingen, bijvoorbeeld in het hoger onderwijs, ieder eigen toelatingscriteria formuleren, zeker wanneer sommige criteria een objectieve grondslag missen, verliest het stelsel zijn emancipatoire functie. Stapelen is een recht, geen gunst.

Een recht, mits aan objectieve maatstaven wordt voldaan. Daarom kan het belang van toetsen, resultaten analyseren en de resultaten en lessen publiceren, niet genoeg worden benadrukt. De laatste jaren ligt toetsen in het onderwijs steeds meer onder vuur. Vooral onder hoogopgeleide ouders lijken de toetsen van hun kinderen tot stress te leiden. Maar laten we niet vergeten dat juist voor kinderen die met veel minder bagage en ondersteuning hun weg door school moeten vinden, een objectief oordeel over hun ontwikkeling van groot belang is. Tot op de dag van vandaag krijgen deze kinderen systematisch een lager schooladvies dan kinderen 'uit de betere buurten'. Alleen een objectieve toets kan dat corrigeren.

Maar voldoet het systeem van toetsen wel; is het niet te veel een momentopname waar naartoe wordt gewerkt? Om de teststress te verminderen kan gewerkt worden met een veel geleidelijker systeem van toetsen, dus regelmatig toetsen in plaats van één allesbepalend toetsmoment. Dat stelt ons in staat om meer te kijken naar de ontwikkeling en het potentieel van een kind, en minder naar die ene score op dat ene moment. Nu is de belangrijkste functie van die ene eindtoets de selectie van de leerlingen voor hun vervolgschool. Ook dat moet opnieuw worden bekeken. De langlopende discussie over het vroege selectiemoment in het Nederlandse onderwijs moet uit de impasse worden gehaald. Voor veel kinderen, zeker voor die kinderen die nog meer tijd nodig hebben om hun werkelijke potentie te ontwikkelen, komt de selectie te vroeg. Er gaat veel talent verloren. Kinderen worden zo kansen ontnomen. Het breed uitrollen door het hele voortgezet onderwijs van de tweejarige brugklas zou dat keuzemoment uitstellen en meer tijd geven voor de ontwikkeling en herkenning van het echte talent.

Om de basis op orde te krijgen, is nog iets anders nodig. Gelijktijdig met de onderwijsvernieuwingen van de jaren tachtig en negentig, maar eigenlijk al met een veel langere aanloop, is een debat gestart over het belang van kennis. Of beter gezegd het vermeende afnemende belang van kennis. Dat volgde op een langjarige trend naar avoïsering. Dat wil zeggen, een groot accent op algemene vorming. De voornamelijk praktisch georiënteerde ambachtsschool of huishoudschool zijn opgegaan in brede scholengemeenschappen waarmee beroepsvorming naar latere leeftijd doorschoof. De basisvorming streefde vervolgens naar een gemeenschappelijke brede basis voor alle leerlingen. Die trend is, onder invloed van maatschappelijke ontwikkelingen als individualisering en de opkomst van de dienstеneconomie, opgevolgd door een verschuiving van kennis naar sociale vaardigheden. Dat lijkt zijn weerslag te krijgen in de scores van onze kinderen in basisvaardigheden: lezen en rekenen. In het rapport van de parlementaire onderzoekscommissie waarschuwden we hier al voor. De trend tekende zich toen voor het eerst af. Inmiddels twaalf jaar geleden. Twaalf jaar waarin het thema wel is besproken, zeker wanneer de Nederlandse PISA-score weer was verslechterd, maar niet werd aangepakt. Wanneer de overheid niet helder is wat kinderen geacht worden te kunnen en te kennen aan basisvaardigheden, blijven deze in de verdrukking komen in het overladen curriculum. Overladen, overigens, door de politiek die telkens wanneer ze met de handen in het haar zit vanwege een nieuwe, ongewenste maatschappelijke ontwikkeling, het onderwijs aankijkt.

Ons onderwijsbestel heeft dus groot onderhoud nodig. Geen grote onderwijsvernieuwing waarbij de overheid opnieuw op de stoel van de leraar gaat zitten en het beter weet hoe les moet worden gegeven. Maar de kansen die het onderwijs biedt, moeten worden hersteld. Dat vraagt om een overheid, een minister van Onderwijs en een Kamer, die zich zeer scherp bewust is van zijn verantwoordelijkheid voor het onderwijsbestel. Die zeker stelt dat het stelsel compleet, samenhangend, aansluitend en emanciperend is en die de lat over de hele linie durft te verhogen. Die zorgt dat de basisvaardigheden goed worden geleerd, in een curriculum dat daarvoor de ruimte biedt. Met objectieve toetsing waardoor ieder kind weer de best mogelijke kans heeft op emancipatie via het onderwijs.